Fleurs
séchées

Fleurs séchées

Amélia Saint George

dessain et tolra

Pour Alex

Première publication : Grande-Bretagne, 1992
par Anaya Publishers Ltd
Strode House, 44-50 Osnaburgh Street, London NW1 3ND

© 1992, Amélia Saint George pour le texte
© 1992, Anaya Publishers pour les photographies
et illustrations (Londres)
© 1993, Dessain et Tolra (Paris)
Dépôt légal: avril 1993
Réimpression, dépôt légal: mars 1994

Titre original :
Easy Ways with Dried Flowers

Édition	Coral Walker
Maquette	Jane Forster
Photographie	Patrice de Villiers
Assistante de conception	Sarah Willis
Peinture des fonds	Kathy Fillion Richie
Illustrations	Kevin Hart
Traduction	Agnès Toutant
	et Isabelle Taudière

ISBN 2.249.27925.X

Sommaire

Introduction

L'extraordinaire diversité de couleurs, nuances, textures et formes des fleurs séchées permet toutes les fantaisies. De plus, bien souvent, les techniques les plus simples suffisent à réaliser les plus belles compositions.

J'ai tenté, dans ce livre, de dévoiler quelques secrets de l'art des fleurs séchées et j'espère que les amateurs sauront s'en inspirer pour s'essayer à des projets ambitieux et réaliser facilement des arrangements originaux.

Les fleurs séchées se prêtent à toutes sortes de compositions et sont bien moins fragiles que les fleurs fraîches. On peut en effet les traiter de façon tout à fait différente : les pendre la tête en bas, les tresser dans les cheveux, ou en faire de ravissants rubans pour décorer les paquets-cadeaux.

Chacune des compositions présentées dans ce livre, de la plus simple à la plus recherchée, est merveilleusement photographiée et clairement expliquée. Pour les compositions faisant intervenir des techniques plus complexes, des illustrations détaillées viennent apporter les précisions qui s'imposent.

Il est vrai que mon approche n'est pas toujours des plus orthodoxes et je n'hésite pas à « tricher » dès qu'une occasion se présente ! Ainsi, la colle et le ruban adhésif sont de précieux alliés, qui facilitent considérablement l'assemblage des matériaux.

Je ne saurais trop vous encourager à ramasser, au hasard de vos promenades, les fleurs, fruits, feuilles et branchages que vous ferez sécher. Que vous habitiez en ville ou à la campagne, vous trouverez toujours quelque chose à glaner dans un champ, en forêt, sur la plage, dans les parcs ou tout simplement dans votre jardin.

Amusez-vous aussi à improviser, à expérimenter. Jouez la surprise, innovez en allant chercher des matériaux inattendus. Ainsi, j'ai marié aux fleurs séchées des œufs, des champignons, des noix, des pains, des ronces sauvages, de la bardane, des aromates et des épices. Vous pourriez tout aussi bien essayer les coquillages, les pierres, les brindilles de bois mort, les graines, les baies, et mille autres choses encore...

Je présente également ici quelques techniques de séchage et de conservation des fleurs, éprouvées par des années d'expérience et bien des erreurs ! Ne vous laissez pas décourager à l'idée qu'il puisse s'agir là de procédés scientifiques extrêmement complexes.

Bien au contraire, rien n'est plus simple que faire sécher des fleurs : il suffit dans la plupart des cas d'en faire une gerbe et de la pendre dans une remise.

J'espère que ce livre saura stimuler votre imagination et vous inspirer de nouvelles idées.

N'hésitez pas à copier, à adapter, puis lancez-vous dans l'improvisation, pour réaliser des arrangements uniques et originaux.

L'ART DE
LA DISPOSITION
PAR RANGÉES

*Les fleurs séchées offrent le
merveilleux avantage de
devenir, une fois disposées, une
forme d'art à part entière,
permettant ainsi à un œil
amateur de jouir d'un spectacle
charmant.*

*Je me suis employée dans ce
chapitre, à exploiter au mieux
le charme des formes des
différentes fleurs utilisées : les
tiges verticales, les bords effilés
des herbes et des plantes
aromatiques coupées, ou même
les lignes droites du support. Il
suffit de disposer les éléments de
même taille en rangs serrés,
avec une précision rigoureuse.
J'ai développé à la fois le côté
traditionnel et avant-gardiste de
cette technique qui ne demande
pas un savoir-faire particulier.
Je pense que vous trouverez,
comme moi, que l'effet rendu est
étonnant. Utilisez les idées
présentées dans les pages
suivantes pour vous en inspirer
dans vos créations.*

Paniers de roses

La beauté rayonnante et les couleurs chatoyantes d'une rose épanouie produisent, lorsque la fleur est séchée, des nuances et des textures particulièrement subtiles.

Fleurs et boutons compacts, fruits d'églantiers, pétales parfumés évoquant un bouquet d'été en hiver, à chaque étape de sa croissance, la rose est la fleur idéale pour préparer un bouquet séché.

Les roses séchées sont très simples à disposer si la composition est bien structurée : la disposition en rangs ou en grappes est un très bon point de départ.

À l'aide de ces trois modèles de présentation des roses, du panier de lavande, et du jardin d'herbes (montrés plus loin dans ce chapitre) vous serez à même d'associer, en une même composition, ordre, charme et style.

LES LONGUES ROSES PIQUÉES

Rassemblez 60 à 80 belles roses − j'ai pour ma part utilisé des « Gerdo » − et un panier rond ordinaire pour la plus simple des compositions. Prenez de la mousse d'oasis, un fil et des ciseaux bien aiguisés. De larges rubans de voile de mousseline complètent la réalisation.

Commencez par couper un morceau de mousse d'oasis qui doit bien s'ajuster à votre panier. Triez vos roses pour faire deux tas : l'un rassemblant les tiges droites, l'autre les tiges courbées. Ôtez les feuilles abîmées.

Pour bien contrôler la disposition des roses, travaillez assise et élevez le panier à la hauteur de vos yeux, en le posant sur plusieurs annuaires, par exemple.

Prenez une rose à tige courbée et plantez-la au centre de la mousse d'oasis : elle détermine la hauteur de votre composition. Vérifiez qu'aucune des autres roses ne soit trop courte, pour ne pas avoir à raccourcir la première, mais retaillez les plus longues pour que toutes les têtes soient à la même hauteur.

Continuez de disposer les roses en les prenant toujours par le bas de la tige pour les piquer dans la mousse d'oasis. Attention, veillez à ne jamais les prendre par le bouton, la tige se casserait.

Continuez à planter les tiges courbées, en partant du centre. Otez les feuilles intactes au fur et à mesure pour que la composition ne soit pas trop touffue. Ce feuillage pourra être utilisé ultérieurement pour combler certains espaces.

Lorsque vous aurez utilisé toutes les tiges courbées, piquez les fleurs à tiges droites jusqu'au rebord du panier, de façon à redresser votre composition. Comblez les espaces avec du feuillage et passez un fil à mi-hauteur pour marquer la position du ruban. Coupez une bonne longueur de ruban et faites un nœud souple et lâche en recouvrant le fil.

Élancées et élégantes, ces roses saumon, piquées dans un panier de paille naturelle, dominent fièrement la masse verte de leur feuillage. Cette disposition en rangs accentue la géométrie des lignes et crée un dynamisme tout à fait original pour ces fleurs. Ici, les grandes tiges droites prolongent les lignes verticales du panier. La légèreté du ruban de voile, dont les couleurs rappellent discrètement les roses, vient atténuer cette impression de rigidité.

CŒURS DE ROSES

Ici encore, je me suis laissée inspirer par la forme de mon support. Ce charmant panier en forme de triple cœur, tissé de sarments, se prêtait parfaitement à la technique de la disposition en rangs.

Pour cette composition, je n'ai eu besoin que de mousse d'oasis et de ciseaux bien tranchants, et j'ai choisi des « Mercedes », superbe variété de roses écarlates.

Après avoir rempli chaque cœur de mousse d'oasis, j'ai commencé, comme pour la composition précédente, par piquer au centre les tiges courbées, puis j'ai continué de travailler les rangs suivants, pour terminer sur le rebord avec les tiges droites.

Terminez le panier du milieu avant de garnir les deux autres cœurs.

Lorsque vous piquez une rose dans la mousse, n'oubliez jamais de la prendre par la base de la tige, sans quoi vous risqueriez de la casser. Plantez les tiges très près les unes des autres, de façon à ce que les boutons forment une masse resserrée et généreuse. Ainsi, pour que la composition ressorte bien et donne une impression de volume, même pour des petits paniers comme ceux-ci, il vous faudra beaucoup de roses.

Pour ajouter une touche d'originalité à cet arrangement et mettre en valeur ce ravissant support, j'ai travaillé sur trois niveaux. Dans le cœur de droite, j'ai coupé les tiges presque à ras, de façon à ce que les boutons dépassent tout juste du rebord du panier, alors que dans le panier de gauche, les roses se dressent majestueusement de toute leur hauteur.

Vous aurez peut-être du mal à trouver exactement le même modèle de panier, mais il en existe bien d'autres et ils sont souvent tout à fait abordables.

La technique de la disposition en rangs convient à tous les types de support. Pour tirer le meilleur parti de ce panier original en triple cœur, j'ai planté des roses écarlates sur trois niveaux différents, en utilisant des restes de feuillage pour combler les espaces et étoffer l'arrangement.

LA HAIE DE PÉTALES

Les lignes verticales de cet élégant panier grillagé forment un très bon support pour ces belles roses « Ilseta ». J'ai utilisé environ 180 têtes de fleurs mais vous pouvez, bien sûr, obtenir le même effet avec moins de fleurs et un panier plus petit. Le panier est rempli jusqu'au bord de pétales de roses parfumés et de grains de lavande.

Pour commencer, rassemblez les pétales de roses et les grains de lavande. Ces deux articles peuvent être récupérés de fleurs abîmées ou achetés en pot-pourri tout préparé. Vous aurez également besoin d'un panier grillagé, d'un pistolet à colle et de papier uni ou rayé.

Recouvrez le fond du panier avec du papier et commencez à introduire les roses dans le grillage. Partez des bords, en allant de bas en haut : glissez une à une les roses entre les mailles de fer en les enchevêtrant à l'intérieur, comme le montre le schéma ci-dessous. Collez légèrement chaque rose au grillage et à la rose du dessous.

Continuez à garnir les côtés de la même façon mais n'enchevêtrez pas les tiges. Lorsque le panier est recouvert de

fleurs, remplissez-le à ras bord de pétales de roses et de graines de lavande.

Vous pouvez combler le panier avec de la fibre naturelle (que vous trouverez dans les magasins d'articles de jardin) avant de le recouvrir de pétales et de grains.

Le langage des roses est aussi celui du cœur. Pour exploiter ce ravissant panier de grillage en forme de cœur j'ai décoré l'extérieur de belles roses « Ilseta ». La structure horizontale de cette haie de pétales constitue une variante originale de la disposition en rang. L'intérieur du panier est garni d'un pot-pourri de pétales de roses et de grains de lavande.

Sur ce type de support, pour bien arrondir la structure, croisez les tiges au fur et à mesure que vous piquez les roses, et fixez-les au grillage et à la rose du rang précédent avec de la colle.

Panier de lavande

La lavande est certainement l'une des fleurs les plus largement utilisées dans les compositions en rangs. Ce bouquet bien fourni souligne la vigueur des tiges droites et met en valeur les grains minuscules de la lavande. Ici encore, les lignes des tiges reprennent celles du panier de paille. Un gros ruban mauve vif donne tout son caractère à cette élégante composition.

Très parfumée, délicate et fantaisiste, cette composition évoque les champs de lavande provençaux, vastes flots mauves ondulant au gré du vent.

Vous utiliserez beaucoup de lavande pour cette réalisation, mais n'oubliez pas qu'il vous est facile de la faire sécher, si vous avez la chance de pouvoir la cueillir là où elle pousse.

Vous aurez besoin d'un panier tout simple, de mousse d'oasis, de ciseaux et d'un ruban pour lier la composition.

Remplissez bien votre panier d'oasis. La lavande doit arriver jusqu'aux bords du panier, et il est indispensable que la mousse d'oasis le remplisse complètement.

Comme vous l'avez fait pour les roses, séparez les tiges droites des tiges courbées, de manière à former deux tas. Utilisez des ciseaux très tranchants pour couper les tiges à égale longueur. Vous aurez certainement des fleurs abîmées car la lavande est fragile : votre composition serait gâchée si vous les utilisiez, gardez-les donc pour un pot-pourri.

Ensuite, commencez à piquer les fleurs en utilisant d'abord les tiges courbées pour le centre de la composition, comme pour les grandes roses de la page 12. Alignez la tête des fleurs pour que votre disposition reste aussi régulière que possible.

Finissez de planter les tiges courbées au centre du panier, pour ensuite piquer les tiges droites sur les bords. Plantez-les bien jusqu'au rebord du panier.

Lorsque le panier est plein, entourez doucement votre composition d'un ruban mauve. Enfin, pulvérisez vos fleurs avec de la laque extra-forte pour cheveux, ce qui leur permettra de durer plus longtemps.

POT-POURRI

Conservez la lavande abîmée pour réaliser un pot-pourri. Frottez doucement les fleurs dans vos mains pour séparer les graines de leurs tiges. Ce geste libérera également le parfum subtil et unique de la lavande.

Jardin d'herbes et d'épices

Cannelle musquée, noix de muscade aux tons et parfums chaleureux, piments rouges et feuilles de laurier patinées sont disposés en rangs distincts, séparés par les formes contrastées des champignons. Cela donne une remarquable composition, parfaite pour la décoration d'une cuisine. Les parfums à la fois doux et pénétrants qu'elle libère en font une alternative intéressante du pot-pourri.

Il vous faut un large support plat, un morceau de mousse d'oasis plat lui aussi, des ciseaux tranchants, un couteau et de la colle pour fixer certains éléments.

Appliquez la mousse d'oasis sur le support, puis improvisez plusieurs alignements (de vos différents ingrédients), avant de décider de la disposition définitive.

Sur mon support, j'ai commencé par disposer les champignons dorés au centre, puis j'ai progressivement complété la composition vers l'extérieur en piquant successivement la cannelle, la noix de muscade, les piments et les feuilles de laurier pour la rangée extérieure. Une fois que la disposition vous satisfait, vous pouvez passer à la réalisation définitive de la composition.

Commencez par la partie centrale, en partant de l'arrière du panier vers l'avant : collez chaque champignon en le superposant légèrement au précédent. Continuez ainsi jusqu'à ce que le dernier champignon chevauche légèrement le devant du panier pour terminer votre rangée avec netteté.

Ensuite, en vous référant à la hauteur de votre panier, coupez les tiges de cannelle à l'aide de ciseaux aiguisés, mais prenez soin de ne pas les effriter. Enfoncez verticalement chaque tige dans la mousse d'oasis de chaque côté du rang de champignons.

À côté de la cannelle, placez toutes les noix de muscade en les collant.

Passez maintenant aux feuilles de laurier. Coupez chaque feuille à la moitié dans le sens de la largeur, en ayant soin de ne pas la déchirer. Glissez les feuilles, la tige en bas, les unes contre les autres, en partant de l'arrière du panier vers l'avant, afin de former de petites haies. Pour finir, coupez et entortillez les piments dans les espaces qui séparent le laurier de la cannelle. Certains piments devront être collés.

Autre variante de la disposition en rangs, les formes abstraites et les lignes géométriques de ce jardin d'herbes et d'épices vous attireront plus d'un compliment. Pour bien le mettre en valeur, installez-le en contrebas, sur un rebord de fenêtre, de façon à ce qu'on puisse le voir de haut. Ce type de corbeille, jouant sur la juxtaposition de formes et de couleurs contrastées, peut être réalisé avec pratiquement toutes les plantes, graines et épices.

Avant de commencer, essayez plusieurs arrangements possibles sur un seul rang de façon à équilibrer les couleurs, formes et textures de votre composition.

ARBRES MERVEILLEUX

La forme des arbres présentés
dans ce chapitre évoque des
pays merveilleux et
extraordinaires. On y trouve des
arbres à ramure fleurie, mais
j'ai aussi proposé d'autres
exemples astucieux utilisant des
œufs et des chardons.
Le principe fondamental de ce
genre de composition consiste à
utiliser le moins d'ingrédients
possible. Choisissez une variété
ou deux pour les éléments
principaux et peut-être une
autre, pour étoffer la structure.
J'ai expliqué comment réaliser
l'arbre le plus classique, mais
j'ai aussi utilisé un support
conique de mousse d'oasis pour
créer une autre forme d'arbre.
Le dernier exemple peut être
facilement transformé en
décoration de Noël.

Arbre de la Saint-Valentin

Des roses « Mercedes » d'un rouge éclatant et profond et les formes naturelles de la lavande de mer (*Limonium Tataricum*) font de cet arbre une composition spectaculaire et très romantique.

Le tronc est constitué de trois branches recouvertes de lichen. Tout autour de ce tronc, j'ai fait serpenter des tiges de bardane pour donner du mouvement.

Tous ces petits arbres décorés sont réalisés de la même façon. Pour commencer, vous aurez besoin d'un pot, de plâtre de moulage, de papier journal et d'un sac plastique. Les branches de l'arbre peuvent être trouvées lors d'une promenade dans les bois ou en débroussaillant votre jardin. Cependant, ces branches sont souvent beaucoup trop longues, vous devez donc les mesurer par rapport au pot, pour les tailler à la longueur voulue.

Appliquez le papier journal contre les parois intérieures du pot, et ouvrez le sac plastique pour recevoir le plâtre. Préparez le plâtre de moulage en suivant les indications données sur le paquet et remplissez à moitié le sac plastique. Prenez la branche qui deviendra le tronc, préalablement coupée à la bonne longueur et plongez-la dans le plâtre, en répartissant le reste de la préparation autour du pied, à l'aide d'une cuillère. Laissez sécher, en vérifiant de temps en temps que le tronc ne penche pas.

Mon plâtre a pris en dix minutes seulement, mais je l'ai laissé durcir pendant une nuit complète.

Certains plâtres se dilatent lors du séchage, mais le papier journal compense ce phénomène.

Pour l'étape suivante, vous aurez besoin d'une grosse boule de mousse d'oasis et d'un pistolet à colle : enfilez la mousse d'oasis sur le tronc, en poussant jusqu'à ce qu'elle tienne bien, car elle supportera le poids de la composition.

Prenez les roses et la lavande de mer et commencez par mesurer la longueur de la première tige que vous piquez sur le haut de la boule : toutes les autres fleurs devront être taillées à la même dimension pour que la composition soit bien ronde. A l'aide de ciseaux aiguisés, taillez les tiges et plantez-les, en garnissant un quartier de cercle à la fois. Piquez les tiges bien perpendiculairement dans la mousse d'oasis pour éviter qu'elles ne se croisent, ce qui fragiliserait la composition.

Éloignez-vous de votre composition pour apprécier l'évolution de votre travail. Si vous remarquez un espace vide, introduisez doucement une fleur pour le combler.

Pour finir, entourez le pied de l'arbre de mousse des bois (*Grimmia Pulvinata*) en remontant légèrement le long du tronc.

La lavande de mer, plante très facile à trouver, crée un fond blanc et léger sur lequel ressortent de superbes roses d'un rouge profond. Pour donner davantage de vie et de naturel au tronc, faites serpenter des ronces, des sarments ou des tiges de bardane, avant de le fixer dans son pot.

Recouvrez l'intérieur du pot de papier journal et d'un sac plastique que vous remplirez à moitié de plâtre de moulage, installez le tronc puis rajoutez du plâtre et laissez sécher.

Enfoncez légèrement le tronc sur la sphère de mousse pour marquer le point d'attache. Ménagez un trou dans la mousse et fixez solidement le tronc pré-collé dans la sphère.

Arbre pastel

Les tons pêche et vert d'eau s'intègrent merveilleusement à la ramure fournie de cet arbre. Pour équilibrer cette composition, privilégiez un ingrédient par rapport à l'autre. Ainsi, j'ai choisi pour cet arbre de piquer un peu plus de capsules de pavot que de roses. À la base de la ramure, les quelques branches de lavande de mer colorée ajoutent une petite note de fantaisie qui finit très bien cet arbre merveilleux.

Choisissez des fleurs dans les tons pêche et vert d'eau qui décoreront agréablement votre intérieur, en s'accordant aux formes douces de votre mobilier. J'ai réalisé cette composition pour un dîner, c'est pourquoi j'ai disposé des biscuits autour du tronc pour les petites faims d'après repas.

Cet arbre est fabriqué de la même façon que le précédent, mais comme la ramure est plus pauvre, il suffit d'une simple branche courte pour le tronc.

La ramure est composée à partir de roses « Gerdo » et de capsules de pavot (*Papaver*). Tout comme pour l'arbre précédent, ne travaillez que sur un quart de cercle à la fois. N'effeuillez pas complètement les tiges des roses car les feuilles donnent du volume à la composition.

Terminez l'arbre pastel avec un tout petit peu de lavande de mer que vous piquerez au-dessous de la ramure pour former un petit jupon de dentelle.

Arbre aux œufs

Les œufs sont des éléments très intéressants à travailler. Leur fascinante forme ovale et leurs tons différents, jaune pâle, rosé, beige clair et bronze, offrent des possibilités infinies.

J'ai réalisé le tronc et le pied de cet arbre de la même façon que pour celui de la Saint-Valentin, mais cette fois, j'ai utilisé une boule de mousse d'oasis plus grosse.

Cette composition nécessite 92 œufs, et comme chacun d'eux doit être vidé, mes filles en ont vite eu assez de manger des omelettes.

La méthode la plus simple pour réaliser cet arbre est de s'y prendre très progressivement : vider un œuf ou deux est une chose, en vider 92 en est une autre !

Surprenant, fascinant et sensuel, cet extraordinaire arbre décoré est conçu à partir de simples œufs de poules. Chaque œuf doit tout d'abord être vidé, armé d'un fil de fer et décoré d'une jolie perle de verre, avant d'être piqué dans la ramure. Le violet et le rose pêche se marient particulièrement bien aux couleurs naturelles des œufs. J'ai habillé la base de l'arbre de cladonie des rennes mauve pâle et peint le fond de mousse d'oasis en beige clair.

La manière la plus simple de vider un œuf est de prendre une grosse aiguille ou une épingle à chapeau et de l'introduire dans l'œuf dans le sens de la longueur. Cassez délicatement un petit morceau de coquille en remuant l'extrémité de l'épingle et chassez le contenu en soufflant par l'orifice ainsi ménagé.

Après quelques essais, vous deviendrez aussi expert que moi.

Lorsque vous aurez rassemblé tous vos œufs, vous devrez vous procurez de la peinture à l'eau beige ou pêche, du fil de fer de grosseur moyenne, de jolies petites perles de verre, de la cladonie des rennes et un ou deux poussins en peluche.

Les espaces vides seront inévitables dans cette composition, vous devrez donc d'abord peindre en beige clair le support de mousse d'oasis. Vous ne pourrez commencer à travailler que lorsqu'il sera sec.

Prenez un fil de fer de 20 cm et passez-en les trois premiers centimètres dans la perle. Repliez le fil de fer sur lui-même et tortillez les deux extrémités ensemble de façon à enserrer la perle.

Enfilez maintenant le fil de fer portant la perle par le côté percé de l'œuf jusqu'à l'extrémité dont vous avez ôté le petit morceau de coquille. Vous obtiendrez une « queue » de fil de fer. Repliez-la sur elle-même afin qu'elle ne se déforme pas quand vous l'insérerez dans la mousse d'oasis.

Commencez, comme d'habitude, par le haut de l'arbre et descendez sur les côtés, en calant bien les œufs les uns à côté des autres.

Pour le pied de l'arbre, j'ai utilisé de la cladonie mauve pâle, puis j'ai déposé deux poussins et quelques œufs peints.

Je suis très fière de cette petite composition ; si elle ne vous convainc pas, reconnaissez tout de même qu'elle a le privilège d'utiliser les œufs qui peuvent parfaitement s'intégrer à une composition florale.

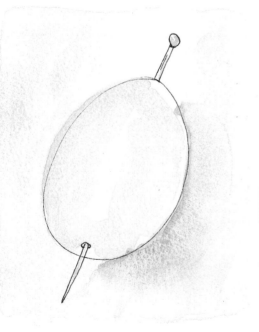

Transpercez l'œuf avec une épingle à chapeau ou une grosse aiguille. Puis brisez délicatement un petit morceau de coquille en remuant le bout de l'aiguille. Soufflez par le sommet de l'œuf qui se videra très facilement.

Enfilez un fil de fer de 20 cm dans une perle. Repliez le fil sur lui-même et tortillez les deux extrémités jusqu'à la perle. Puis, faites passer le fil entortillé dans l'œuf, et tirez pour que la perle soit bien fixée au sommet de l'œuf.

Arbre aux chardons

Ce petit arbre est fait des récoltes amassées lors d'une promenade avec mes filles, au bord d'une mer battue par le vent. Si nous n'avions pas été enchantées par nos trouvailles, nous n'aurions pas marché si longtemps, par un temps aussi maussade.

Le tronc de l'arbre est, comme pour les autres, réalisé à partir d'une grosse branche courte que je coiffe d'une sphère de mousse d'oasis. Je plante ce tronc dans un gros pot de fleur ordinaire.

Pour décorer le support de l'arbre, vous devrez vous procurer des chardons (*Dipsacus sativus*) de tailles différentes. Ils seront associés à des joncs épars (*Juncus Effusus*) qui poussent sur des sols humides et marécageux. Méfiez-vous car, contrairement à ce qu'on pourrait croire, ces joncs ont des chatons noirs et durs munis de menaçantes épines et de feuilles piquantes qui soulignent néanmoins joliment les contours de la composition.

Des chardons penchés (*Carduus Mutana*) et un ruban en toile de jute complèteront votre travail.

Séparez les petits chardons des grands : vous utiliserez les petits pour le haut et les grands pour le bas de l'arbre, afin de lui donner du volume.

Commencez par le haut de l'arbre, en plantant un chardon, puis continuez en descendant le long du cône de mousse d'oasis en insérant alternativement des chardons et des joncs pour combler les espaces vides.

Faites un « jupon » de chardons à la base du cône et entourez le pied de l'arbre de chardons penchés, de cosses de faînes (*Fagus Sylvatica*) ou même d'écorces d'arbres.

Pour finir, disséminez régulièrement des feuilles de joncs, méthodiquement, parmi les éléments de la composition. Nouez un ruban autour du pot pour agrémenter le tout.

Tout à fait différent des autres compositions, cet arbre aux chardons, frémissant de nuances de bruns, semble sorti tout droit d'une forêt d'automne !

COURONNES ET GUIRLANDES

La traditionnelle couronne tressée nous vient des siècles passés. Symbolisant le cycle perpétuel des saisons, la couronne accompagne les hommages, les commémorations et les cérémonies. C'est une autre façon de décorer la maison en utilisant les richesses de la nature.

Les couronnes que j'ai retenues ici peuvent vous servir de bases pour d'autres compositions. Réalisez votre couronne de Noël en utilisant des fleurs d'été, des herbes, des pommes de pins ou tout autre matériau, comme des plumes ou des coquillages.

Il existe deux grandes techniques pour réaliser ces couronnes : la couronne de Noël et les couronnes d'aromates et d'été sont fabriquées à l'aide d'un cerceau de mousse d'oasis. La couronne d'une brise d'automne est très facilement réalisée en tressant des matériaux naturels.

Couronne d'été

Pour célébrer l'été, choisissez un assortiment de violets et de roses éclatants.

Comme la couronne de Noël et la couronne d'aromates, cette couronne est bâtie sur un cerceau de mousse d'oasis, mais accrochée à une porte ou au mur, elle rend un tout autre effet.

Pour réussir cette composition, rapprochez le plus possible les différents éléments, sans pour autant les noyer dans la masse. Évitez de les disperser, car le résultat final pourrait sembler un peu confus.

En dominante, j'ai opté pour la rose, l'hortensia et le statice mauve (*Limonium sinuatum*).

À ces formes plutôt arrondies, j'ai associé des épis d'orge (*Hordeum*) et de belles touffes de gros-minet (*Lagurus ovatus*), qui donnent à l'ensemble du volume et du mouvement.

Pour contraster les textures, j'ai piqué deux plantes quelque peu exotiques : la fleur de palmier et des pommes de pin blanches.

Enfin, pour la profondeur et le remplissage des lacunes, des feuilles rondes d'eucalyptus (*Eucalyptus pulverulenta*) et des chutes de feuilles de roses.

Une grosse rosette de papier complète cette composition. Le ruban de papier est un matériau précieux, qui reflète très bien les tonalités et les nuances les plus subtiles des fleurs séchées. On en trouve en rouleaux chez les fleuristes et dans les papeteries. Pour le déplier, il suffit de le frotter doucement entre les doigts. Il se travaille exactement comme le ruban de tissu, mais par rapport à celui-ci présente l'avantage de tenir parfaitement sa forme, une fois noué.

C'est par la rosette que j'ai commencé ma couronne. En effet, comme elle est volumineuse, mieux vaut la placer tout de suite, en nouant le ruban autour du cerceau de mousse.

Ensuite, j'ai replié l'orge sur lui-même, de façon à rapprocher les tiges des épis et j'ai lié deux grosses gerbes avec du ruban adhésif. La première est piquée dans la mousse, juste au-dessous du nœud.

On associe trop souvent les couronnes et les guirlandes à des décorations d'hiver. Cette composition, aux tonalités rose et violette parsemée de beaux bouquets de roses, est un bel hommage à l'été. Le gros nœud vert argenté est un simple ruban de papier qui reprend les nuances de l'eucalyptus, de l'hortensia et des feuilles de roses. Les gerbes de blé et le duvet du gros-minet donnent à cet arrangement tout son dynamisme.

Le statice pourpre et le rose vif des roses font bon ménage dans cette couronne où, dans chaque quartier, un élément particulier domine. Pour simplifier la tâche, liez chaque petit bouquet avec du ruban adhésif avant de le planter dans la mousse. Vous obtiendrez ainsi une bien meilleure impression de densité que si vous essayez de planter chaque tige une par une.

Repliez une petite gerbe de blé en deux de façon à rapprocher les tiges des épis. Liez le pli avec du ruban adhésif avant de le pousser dans la mousse.

Sous l'orge, j'ai glissé une belle tête d'hortensia. Vous pouvez la piquez directement dans la mousse, mais l'hortensia doit être manipulé très délicatement, car ses petites fleurs se détachent facilement.

Généralement, les fleuristes le consolident d'une petite tige de fer qui l'aide à pénétrer facilement dans la mousse.

Complétez ce quartier en bordant la couronne de quelques branches de feuilles de roses.

Continuez à garnir le cerceau dans le sens des aiguilles d'une montre. Disposez un peu de statice à côté de l'hortensia et piquez trois ou quatre roses rouge foncé.

Juste au-dessus des roses, plantez une belle fleur de palmier et entourez les roses de pommes de pin blanches que vous aurez préalablement tuteurées (voir la technique de tuteurage des cônes p. 115). Attaquez le quartier suivant avec un beau bouquet de gros-minet, lié avec du ruban adhésif.

Puis, ajoutez du statice et la seconde gerbe d'orge.

Au beau milieu de ce quartier, installez trois roses rouge vif.

Pendant que vous travaillez, prenez un peu de recul pour apprécier l'équilibre des couleurs et les textures. Observez également la densité et le poids de votre couronne. Les petites branches de feuilles de roses sont idéales pour combler les lacunes et ajouter des touches de couleur à l'ensemble de la composition.

Formez deux autres bouquets de gros-minet et juxtaposez-les dans le quartier suivant, en ne les séparant que d'une rose rose.

Garnissez généreusement le sommet de la couronne de feuilles d'eucalyptus et de feuilles de roses.

Dans cette masse de verts argentés, piquez trois autres roses et, plus haut, une touffe de statice.

Attaquez enfin le dernier quartier avec huit ou neuf petits boutons de roses roses. Introduisez-les dans la couronne de manière à ce qu'elles retombent vers le ruban. Derrière les roses et au-dessus du nœud, passez encore un bouquet de gros-minet et une petite branche d'hortensia.

Une petite fantaisie peut faire tout le charme d'une composition. Ici, la juxtaposition de la fleur de palmier rugueuse et des cônes pelucheux crée la surprise et ajoute un petit air d'exotisme.

Couronne d'aromates

Si vous êtes un amoureux de la cuisine et du jardinage, cette couronne trouvera parfaitement sa place dans votre cuisine. Bien que l'atmosphère humide qui règne dans une cuisine soit nocive aux compositions de fleurs séchées, cette couronne (réserve d'ingrédients nécessaires à l'art culinaire) peut durer assez longtemps, tout en vous offrant les herbes dont vous avez besoin sans que celles-ci perdent de leur saveur.

Ramassez-les dans votre jardin ou bien achetez-les chez l'épicier. J'ai eu la chance de pouvoir les cueillir, au mois de mai, dans les collines rocailleuses de Provence.

Les principaux ingrédients utilisés sont : le thym, le romarin en fleur (même si les épices en fleur perdent leur arôme, les fleurs de romarin sont absolument ravissantes), l'estragon. Pour la décoration, j'utilise de l'ail et de la cannelle. Tous ces ingrédients sont piqués dans un cerceau de mousse d'oasis. Il vous faut aussi un morceau de fil de fer et un peu de raphia naturel.

Comme les aromates perdent facilement leurs feuilles fragiles, je les ai coupés à la longueur voulue (c'est-à-dire 10 cm environ) avant de les faire sécher. Le séchage se fait en les suspendant à des fils de laine pendant toute une nuit. Essayez d'éviter toute manipulation inutile des aromates car, une fois secs, ils deviennent très friables.

Coupez les fleurs de romarin à 5 cm et mettez-les de côté. Placez ensuite les feuilles de romarin et leur robuste tige de bois : enfoncez chacune d'elles dans le bord extérieur de la mousse d'oasis avec un angle de 45°, en garnissant ainsi le tour du cerceau dans le sens des aiguilles d'une montre.

Introduisez maintenant le romarin à l'intérieur du cercle, toujours dans le sens des aiguilles d'une montre.

Continuez la couronne en piquant l'estragon, léger comme une plume, sur la mousse d'oasis, pour combler les espaces entre les tiges de romarin. J'ai laissé deux quartiers du cerceau libres, pour planter les fleurs de romarin et le thym, fragile.

Quand le cerceau de mousse est complètement recouvert, vous pouvez ajouter les têtes d'ail et la cannelle.

Il vous faudra six morceaux de cannelle de 5 cm chacun. J'ai d'abord pris trois bâtons de cannelle que j'ai entourés d'un fil de fer, en le tortillant autour, pour les maintenir fermement.

Recouvrez le fil de fer d'une ficelle de raphia terminée par un nœud.

Prenez un bouquet de cannelle préparé et piquez le fil de fer dans les épices et la mousse d'oasis en tordant les extrémités du fil de fer derrière la mousse d'oasis, pour plus de sécurité.

Faites chevaucher légèrement le second bouquet de cannelle par le premier, pour ajouter du relief et de l'effet à la composition.

Les têtes d'ail auront également besoin d'êtres munies d'un morceau de fil de fer avant d'être placées dans la couronne. Enfoncez celui-ci directement dans la tête et tortillez-en les extrémités pour plus de sécurité. Attachez les têtes d'ail les plus lourdes dans le bas de la couronne.

Prélevez deux ou trois gousses sur la seconde tête d'ail avant de la fixer sur la couronne. Ceci ajoute encore plus d'effet.

Ces épices ou ces herbes aromatiques peuvent être utilisées pour la cuisine et remplacées au fur et à mesure.

Coupez les bâtons de cannelle à la longueur voulue et attachez-les avec du fil de fer que vous recouvrirez de raphia pour un plus bel effet.

Pourquoi enfermer vos herbes et épices dans des pots, alors que cette couronne rustique et odorante peut si joliment décorer votre cuisine ? Utilisez-la pour vos ragoûts, mais pensez à la reconstituer régulièrement, car les aromates sont très sensibles à l'humidité.

Guirlande de Noël

Ce merveilleux hommage à l'hiver est une variante intéressante des couronnes traditionnelles. Cette composition demande beaucoup de préparation, mais le résultat final en vaut la peine.

La couronne a pour base un cerceau de mousse d'oasis. Vous devez également vous procurer des rameaux d'épicéa (la variété d'arbres de Noël dont les aiguilles ne tombent pas trop vite), différentes sortes de noix, noisettes ou châtaignes, de la cardamome, des clous de girofle, de petites et de grosses pommes de pin, différents rubans, une douzaine de coquilles d'œufs de caille et trois ou quatre petits paniers. Il vous faudra aussi beaucoup de fil de fer et un pistolet à colle.

Commencez par préparez les petits paniers : j'ai trouvé les miens dans un magasin de poupées (beaucoup de bonnes boutiques de jouets en vendent, sinon essayez les fleuristes de qualité). Des paniers légèrement plus grands peuvent certainement être achetés chez des fleuristes ou dans les grands magasins.

Prenez le plus petit panier et passez un fil de fer au travers du fond, comme sur le dessin. Glissez du fil de fer à travers le côté de l'autre panier. Ceci leur donnera une jolie inclinaison quand vous les fixerez à la mousse d'oasis.

Remplissez l'un des paniers de cardamome et l'autre de clous de girofle, en collant ces épices à l'aide du pistolet à colle.

Prenez maintenant les autres petits paniers et munissez-les aussi de fil de fer. Remplissez-en un de noisettes et l'autre de petites amandes, en vous aidant toujours de votre pistolet à colle.

Mettez vos paniers de côté.

Bien qu'il s'agisse d'un produit de luxe, les coquilles d'œufs de caille tachetées participent vraiment à la splendeur de cette couronne.

Chaque œuf doit être vidé et muni d'une attache (voir instructions page 114), vous pouvez donc garder leur contenu pour faire une omelette savoureuse !

Une fois que vous avez vidé les œufs, mettez-les également de côté.

Branches de sapin, rubans
rouge et or, pommes de
pin : cette couronne de
Noël respecte la tradition,
sans s'y limiter. Ornée
d'œufs de caille, de bâtons
de cannelle et de petits
paniers de noisettes et
d'amandes, c'est une
invitation au festin.

Passez maintenant aux noix et aux épices. Reliez des bâtons de cannelle en bouquets (j'ai fait trois bouquets).

Pour les fruits, j'ai utilisé des châtaignes, des noix, et des noix de Pécan. Plutôt que de transpercer les noix pour y glisser les attaches de fil de fer, collez-en quelques unes ensemble et passez facilement le fil de fer à travers la grappe. C'est peut-être tricher un peu que de procéder ainsi, mais percer des trous sans outils adéquats est une tâche très laborieuse.

Utilisez cette technique pour assembler les petites pommes de pin. Les grosses pommes de pins devront être munies chacune d'un fil de fer (voir dessin).

Pour finir, faites des rosettes avec des rubans de couleurs et de textures variées : j'ai pris des rubans rouges, verts et dorés.

Vous pouvez commencer maintenant à construire votre couronne.

Prenez votre cerceau de mousse d'oasis et piquez çà et là des branchettes de sapin de 5 cm chacune, pour donner une impression de mouvement.

Déterminez l'emplacement de vos éléments avant de les fixer avec un fil de fer à la couronne. Commencez par les paniers en gardant les plus lourds pour le bas. Ajoutez les autres composants. Nouez quelques-uns des rubans sur les bords extérieurs de la couronne pour donner plus d'effet.

Éloignez-vous de votre ouvrage pour juger de son évolution. Je suis quelquefois tellement absorbée par ma tâche qu'elle prend un aspect différent quand je la regarde avec un peu de recul.

Quand vous êtes satisfait, attachez tous les éléments à l'aide de fil de fer en les piquant dans la mousse d'oasis et en écrasant les extrémités du fil derrière le cerceau, pour plus de sécurité.

Vous pouvez ajouter sur les contours de la couronne, des branchettes de noisetier ou de saule garnies de chatons, pour donner du mouvement. De petites branches légères et pelucheuses peuvent aussi convenir, si vous ne trouvez pas de chatons de saule ou de noisetier.

Avant d'accrocher votre couronne, assurez-vous que tous les éléments sont solidement fixés, si vous ne voulez pas que des morceaux tombent chaque fois que vous claquerez la porte !

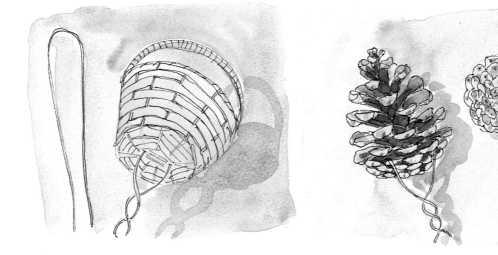

Je préfère généralement utiliser un fil de fer assez fin, à moins que les matériaux ne soient très lourds. Repliez le fil de fer en épingle à cheveu et fixez-le à la base du panier. Prévoyez une longueur suffisante pour bien le piquer dans la mousse.

Faites passer une extrémité du fil de fer dans la rangée inférieure d'écailles en laissant dépasser légèrement l'autre bout. Ramenez le fil autour de la pomme de pin et tortillez les deux extrémités pour faire une tige.

Les rubans rouge vif créent une harmonie entre les différents matériaux et les couleurs complémentaires de cette composition. Les reflets moirés du ruban répondent aux noisettes brillantes, les noix rugueuses frôlent la douceur de la cannelle, alors que les œufs tachetés illuminent ce cerceau de couleurs.

Coupez de petites branches d'épicéa d'une longueur de environ 5 cm et enlevez les épines de façon à dénuder une tige. Piquez ces branchettes au hasard tout autour de la couronne pour donner du mouvement.

Pour bien s'assurer que tous les éléments sont bien attachés, prévoyez une tige de fil de fer assez longue pour traverser la mousse. Pour plus de sécurité, rabattez les extrémités au dos du cerceau de mousse.

Couronne d'une brise d'automne

L'air vif d'une promenade d'automne a inspiré cette charmante couronne de style médiéval.

J'ai récolté quelques ronces sauvages, des fougères et des feuilles cuivrées, qui envahissaient les haies, en n'oubliant pas de cueillir des fruits d'églantier au passage. En marchant, j'ai tordu les ronces (avec leurs feuilles) de manière à former un cerceau beaucoup plus facile à transporter.

Une fois à la maison, j'ai plongé toutes les feuilles et les fougères dans une solution de glycérine (40 % de glycérine pour 60 % d'eau chaude). Je les ai laissées tremper pendant une nuit entière. Bien que cette opération change la couleur des feuilles, vous pouvez ainsi les utilisez comme des fleurs séchées : sans qu'elles se fendillent ou s'émiettent.

Dès le lendemain, j'étais prête à commencer. J'ai posé le cerceau de ronces sur une surface de travail plate et j'ai examiné les ingrédients que j'avais récoltés : des feuilles de chêne rouge, du hêtre fayard (*Fagus Silvatica*), des feuilles de boules de neige (*Virburnum Opulus*), des pieds de loup (*Selaginella*), des fougères et des fruits d'églantier. À ceci j'ai ajouté des *Leucodendrons plumosum*, de la cladonie et des genettes ou herbe aux mamelles *Lapsana Communis*.

Les feuilles de chêne rouge forment des bouquets naturels sur leurs branchettes ; je les ai donc placées telles quelles en bas du cercle de ronces.

J'ai ensuite rassemblé les fruits d'églantier en trois bouquets différents, puis j'ai enroulé leurs tiges dans du ruban adhésif et j'y ai introduit mon fil de fer. Je les ai plantées dans ma couronne au milieu du chêne.

Les feuilles les plus grandes et les boules de neige ont également besoin d'être fixées avec du Scotch en bouquet, puis d'être munies d'un fil de fer, avant d'être piquées sur le côté gauche du haut de la couronne.

Au-dessous des boules de neige, j'ai niché deux *Leucodendrons plumosum*, à l'aide d'un fil de fer.

Viennent ensuite les petits bouquets de feuilles de hêtre fayard dont j'ai recouvert les tiges de grageline.

J'ai ensuite garni ce côté du cercle avec un bouquet touffu de cladonie, mais des frondes légères feront aussi un très bel effet.

Pour terminer, placez des pieds-de-loup rouges et verts sur le côté droit du haut de la couronne, en ajoutant quelques fougères pointées vers le haut. Remplissez tous les espaces vides avec de petites fougères qui rappelleront le mouvement ondulant de la couronne.

Véritable festival de textures et de couleurs automnales, cette guirlande toute simple est un cerceau de ronces garni de feuilles. Pour garder leur souplesse, les feuilles de chêne et de roses Guelder ont dû être traitées à la glycérine. Légèrement patinées, elles relèvent le vert pâle des feuilles de ronces. À la base, les fruits d'églantier ajoutent une touche chaleureuse et donnent du poids à la composition.

Faites trois petits bouquets de fruits d'églantier et attachez-les avec du ruban adhésif. Puis, insérez-les entre les branches de ronce et les feuilles de chêne.

GUIRLANDES ET GIRANDOLES

Les compositions de fleurs suspendues et les girandoles sont probablement les plus raffinées des décorations florales ; elles conviennent particulièrement aux grandes occasions. J'ai réalisé, dans ce chapitre, trois compositions très différentes. La magnifique guirlande d'une table de fête offre la richesse et la splendeur des festivités de la Renaissance. Les deux tons pastels des guirlande et girandole d'un lumineux été raviront lors d'un repas de noces. Enfin, la guirandole de la fête des moissons présente une décoration automnale, très originale pour vos murs. Aussi difficiles à réaliser que puissent paraître ces compositions, elles ne demandent, une fois les ingrédients rassemblés, que patience et habileté.

Guirlande d'une table de fête

Chargée de splendides fleurs d'été et de fruits d'automne pommelés et capiteux, cette superbe composition évoque l'abondance des richesses de la nature.

Le choix des fleurs et des fruits, leur disposition sont importants pour donner une impression de vie et de mouvement.

Dans ce premier exemple, j'ai décoré une petite table avec une guirlande composée de matériaux de textures et de tons différents. J'ai utilisé des variétés exotiques, mais j'ai pensé que la forme des fleurs et la circonstance méritaient un effort d'originalité et de créativité. Les bons fournisseurs de fleurs séchées peuvent vous offrir des articles rares, mais voici une réalisation qui montre qu'il vous est possible de travailler avec les matériaux de votre choix.

Coloquintes et chardons carline (*Carlina Acaulis*) forment le point central de la composition ; œufs de caille, jeune maïs (*Zea Mays*), fèves de cacao et de mignonnette (une étonnante cosse de graine indienne) ajoutent des contrastes intéressants dans les textures, alors que les lanternes chinoises (*Physalis Alkekengi*) et la fleur de protée (petit arbuste) soulignent les contours. Un superbe ruban lourd et des gros pompons parachèvent la composition.

Le matériel nécessaire à cette réalisation comprend de la mousse d'oasis, de la cordelette, du grillage, un morceau de fil de fer, un pistolet à colle et du feutre. Un marteau et des clous seront utiles pour fixer la guirlande sous la table, si vous décorez une table sur trétaux. Mais s'il s'agit d'un beau meuble, attachez fermement la guirlande autour du pied de table à l'aide de la cordelette et cousez-la à la nappe avec du fil solide. Cette technique n'est pas valable pour les girandoles un peu lourdes.

Pour les grandes occasions, offrez cette guirlande somptueuse à vos convives. Avec ses coloquintes rebondies, ses épis de maïs éclatant sous leurs fanes et ses lanternes chinoises scintillantes, cette composition évoque la corne d'abondance.

Tout le chic de la guirlande de fête provient de l'alliance des couleurs et des formes exotiques. Le maïs et les fèves de cacao offrent une impression de mouvement. Les coloquintes et les lanternes chinoises apportent chaleur et substance. Ce sont les œufs de caille qui surprennent certainement le plus, ici.

Pour juger de la longueur et de l'ampleur de la guirlande, j'ai déroulé le long de la table une cordelette que j'ai coupée à la longueur voulue.

Une fois que vous avez décidé de la taille de votre guirlande, étendez votre cordelette sur une surface plane et prenez deux morceaux de mousse d'oasis. Placez un morceau de mousse d'oasis au milieu de la cordelette et coupez l'autre morceau en deux, en plaçant ces derniers de chaque côté.

Prenez maintenant un morceau de grillage et appliquez-le autour de la mousse d'oasis, en le modelant selon la forme de la guirlande. J'ai exécuté ce travail sur place, contre la table, en ne perdant jamais de vue que la future guirlande serait chargée d'ingrédients.

Attachez bien les bords du grillage en les entrelaçant et en les tordant pour les planter dans la mousse d'oasis. Découpez un morceau de feutre en respectant la taille de la guirlande et collez-le sur le fond du grillage, ceci évitera d'abîmer vos meubles.

Et maintenant, que la fête commence ! Avant d'introduire quoi que ce soit dans votre guirlande, vous devez rassembler tous vos ingrédients.

Tout d'abord, attachez avec du fil de fer les ingrédients les plus lourds tels que les coloquintes et le maïs.

Les coquilles d'œufs devront être vidées et attachées, à l'aide de fil de fer, à des perles de verre. (Cette technique est expliquée en page 114.)

Quand vous avez assemblé plusieurs coquilles d'œufs, installez-les sur un côté. J'ai utilisé trois douzaines d'œufs, de quoi faire une belle omelette !

Fixez les épis de maïs avec le fil de fer et répétez la même opération pour les coloquintes lourdes en doublant le fil. Ceci assurera leur maintien et les empêchera de glisser dans le mauvais sens.

Le meilleur moyen de fixer ces fruits lourds est de percer un trou dedans à l'aide d'une petite vrille. Enfoncez deux morceaux de fil de fer dans les trous et tordez-en les extrémités.

Si les coloquintes sont vraiment trop lourdes, il est préférable de les attacher en deux points. Percez simplement deux autres trous un peu plus haut, sur le côté du fruit, et introduisez le fil de fer de la même façon.

Faites une rosette avec le ruban, en en pliant simplement bord à bord les deux côtés. Glissez un fil de fer dans les boucles pour les maintenir, puis tournez doucement le ruban pour que les pans prennent la forme d'une rosette.

Attachez la rosette à une extrémité du grillage et enroulez le ruban autour de la guirlande en terminant par une autre rosette de l'autre côté. Fixez trois gros pompons sur la rosette en les consolidant par l'arrière avec un fil de fer glissé à travers le grillage. Pliez les morceaux du cordon qui tient le pompon pour donner plus de mouvement à la rosette et tirez le cordon au-dessus du ruban afin de mettre en valeur sa matière.

Après avoir drapé le grillage de ruban et de cordon, j'ai accroché mon ouvrage à un mur pour continuer le garnissage.

Commencez au centre avec les coloquintes en les inclinant les unes contre les autres et glissez doucement le jeune maïs ouvert, derrière elles, pour composer un triangle.

Calez une belle cosse de mignonette en dessous du point central, en glissant d'autres épis de maïs percés de fil de fer pour former un arrière-plan.

Travaillez en partant du centre vers l'extérieur : disposez les coquilles d'œufs, puis les écorces de mignonnette et enfin, près des bords, des rangées de fèves de cacao.

À côté des œufs de caille, installez avec précaution les lanternes chinoises aux tons oranges éclatants. Elles contrastent avec ceux des chardons carline aux allures de paille, que vous placerez ensuite. Faites très attention, la manipulation peut s'avérer douloureuse. Sur le côté gauche, pour équilibrer, j'ai ajouté des coloquintes plus petites et j'ai glissé une fleur de protéacée pour souligner les contours.

J'ai consolidé les fèves de cacao en les attachant aux fils de fer. Puis j'en ai placé quelques-unes au milieu des pompons.

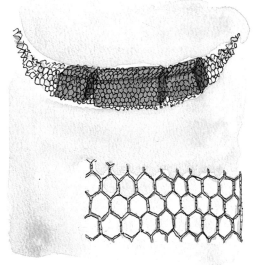

Placez une brique de mousse d'oasis au milieu du grillage. Coupez-en une autre en deux, puis placez chaque moitié de part et d'autre de la première brique. Repliez le grillage sur la mousse pour former le squelette de la guirlande.

Transpercez la coloquinte à l'aide d'une vrille, puis faites passer un gros fil de fer dont vous tresserez les extrémités. Si le fruit est particulièrement lourd, installez un autre fil de fer en procédant de la même façon.

Guirlande et girandole d'un lumineux été

Parfaite pour une fête de baptême, de noces, ou un cocktail, cette splendide composition colorée évoque le soleil et les jours tièdes et parfumés de l'été.

On peut toujours compléter une guirlande, comme le montre cet exemple, en y attachant une girandole. Malgré les effets du temps, la composition reste magnifique.

Commencez par rassembler de la cordelette, des morceaux et des chutes de mousse d'oasis, du grillage et des ciseaux tranchants.

En utilisant de la cordelette, mesurez contre votre table ou votre mur, d'une part la longueur et la profondeur de la guirlande et d'autre part celles de la girandole qui la complète.

Découpez ensuite, selon les dimensions relevées avec la cordelette, deux morceaux de grillage, l'un pour la guirlande et l'autre pour la girandole.

Sur une surface de travail, j'ai déployé le grillage que j'ai truffé de morceaux de mousse d'oasis. J'ai ensuite enroulé le fil de fer autour de la mousse en le tordant pour obtenir les formes désirées.

Prenez bien la précaution d'enfoncer les extrémités du grillage dans la mousse d'oasis, car elles risqueraient de vous blessez pendant la confection de votre composition.

Pour pouvoir évaluer au mieux l'élaboration de ces ouvrages, j'ai suspendu le grillage à une fenêtre. Libre à vous de préférer une surface de travail plane.

Commencez par la girandole.

Différentes d'une composition florale traditionnelle, sur laquelle il faut d'abord installer les éléments des contours puis ceux des points centraux, ces compositions à structure grillagée possèdent déjà leurs contours : ceci permet de disposer les grandes fleurs sur le pourtour avant de garnir le centre.

J'ai utilisé des artichauts (*Cynara Scolymus*), différentes nigelles, des hortensias, des immortelles (*Helichrysum Bracteatum*), des capsules de pavots, des roses, des pivoines, des pieds d'alouette, des fleurs de protéacées (*Protea Compacta*) et de la lavande. Quelques

Cette magnifique guirlande ornée d'une girandole aux couleurs pastel de l'été mêle aux fleurs des champs deux composants saugrenus : l'artichaut et les fleurs de protéacées. S'il est préférable d'utiliser des fleurs différentes pour la guirlande et la girandole, gardez tout de même une unité de formes, couleurs et textures. Ainsi, les artichauts n'apparaissent que dans la girandole, mais leur couleur reparaît dans la guirlande.

unes de ces fleurs doivent être fixées au Scotch, puis consolidées avec du fil de fer avant d'être attachées au grillage.

Parce que j'ai eu un coup de foudre pour les touffes de barbe ou « foin » de l'artichaut, j'ai décidé de le placer en premier plan, pour en faire l'un des points centraux de la composition.

Juste en dessous, j'ai fixé les autres artichauts entiers avec du fil de fer, et j'ai continué le travail de garnissage le long de la composition suspendue avec les protéacées (*Protea Compacta*).

Pour obtenir plus de volume et de relief, j'ai ajouté, de chaque côté des barbes d'artichaut, des pivoines rose pâle en plaçant délicatement l'une d'elles sous les pompons.
J'ai ensuite installé l'arrière-plan en jouant sur les matières des différents végétaux. J'ai scotché les tiges de petites roses rouges pour former des bouquets que j'ai plantés sur toute la surface de la mousse d'oasis de la girandole. Comme les bouquets de roses sont systématiquement dispersés, ils donnent à la composition un aspect très bigarré.

Les coquelicots ou les pavots, que j'ai également scotchés en bouquets avant de les piquer dans la mousse d'oasis, apportent à la girandole une texture et des nuances différentes.

Procurez-vous des pieds d'alouettes (*Delphinium*), en privilégiant ceux de couleur rose. Coupez-en les tiges à la bonne longueur. Placez les fleurs les plus hautes à l'arrière-plan et disposez devant les fleurs plus petites : vous les mesurerez, en vous référant au bas de la tige. Ces bouquets qui parsèment la girandole sont une partie importante, quoique non dominante, de la composition. Glissez un peu de lavande dans les bouquets de pieds d'alouettes : leurs couleurs s'accordent très bien.

J'ai ensuite garni le côté avec des bouquets de nigelles d'Espagne et j'ai garni l'arrière-plan avec des cheveux de Vénus et des hortensias, sans leurs tiges : l'hortensia couvre particulièrement bien la mousse d'oasis. J'ai disposé de jolies immortelles en remontant le long d'un côté de la suspension.

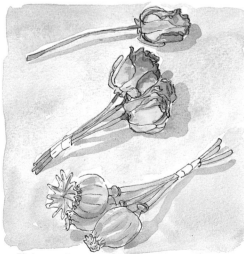

(Ci-dessus :) *Un petit air de campagne souffle sur ces barbes d'artichaut rustiques.*
(Ci-contre :) *L'emplacement judicieux des artichauts et des fleurs de protéacée allonge la girandole qui semble balancer au vent. Les fleurs étoilées de nigelle d'Espagne reprennent dans la guirlande ces formes angulaires, atténuées par la douceur des roses nichées dans la lavande et les pieds d'alouette.*

J'ai ensuite garni les bords supérieurs et inférieurs avec de la lavande. (Je l'ai d'abord aspergée avec de la laque à cheveux très forte, afin que les grains ne s'effritent pas.)

Quand la girandole est terminée, gardez les mêmes motifs et les mêmes matériaux pour commencer la guirlande : trois grandes fleurs d'artichauts (l'une d'un mauve profond) forment le point central. Elles doivent être attachées par la tige à l'aide d'un double fil de fer avant d'être accrochées dans le grillage. Pour plus de sécurité, tortillez le fil de fer, non seulement dans la mousse d'oasis, mais aussi à travers le grillage. Ceci est très recommandé pour tout élément de la composition peu stable ou un peu trop lourd.

J'ai ensuite placé une pivoine rose fuchsia au milieu des artichauts, en disposant les autres autour de ce bouquet central.

Continuez le garnissage vers l'extérieur en plaçant les plus grandes fleurs de protéacées, mais sans trop les éloigner du centre. J'ai cependant utilisé six de ces fleurs pour les côtés, en en plaçant trois à chaque extrémité de la composition.

Dès que les éléments les plus importants sont en place, garnir le reste devient un jeu d'enfant.

J'ai préparé des bouquets, en les entourant de fil de fer, avec d'une part de la lavande, d'autre part des capsules de pavot sans leurs tiges, puis des roses aux tons pâles et enfin des cheveux de Vénus. Il est préférable que les bouquets soient assez volumineux pour donner à la composition richesse et opulence.

J'ai utilisé des fleurs d'hortensias pour garnir les bords et pour couvrir la mousse d'oasis.

Les immortelles aux couleurs roses très variées ont été régulièrement réparties dans la composition. Disséminées dans la lavande, ou entre les artichauts, ces éclatantes petites fleurs mettent en valeur les autres végétaux.

Éloignez-vous de votre composition pour vérifier si une quelconque rectification est nécessaire, mais n'oubliez jamais que rien dans votre ouvrage, n'est irréversible et qu'il est très facile d'ajouter ou d'ôter des éléments quand l'aspect de votre travail ne vous satisfait pas totalement.

Girandole de la fête des moissons

C'est en rassemblant les fruits mûrs de l'été en une girandole décorative qu'ils prennent un caractère rustique et presque sauvage.

La structure est composée de mousse d'oasis fixée à du grillage, comme pour la girandole de l'été.

J'ai fabriqué cette girandole sur les lieux qu'elle devait occuper, car les couleurs et la texture du mur de brique qu'elle décorait ont influencé directement le choix et la disposition des éléments.

Les principaux ingrédients de cette composition sont des coloquintes. Elles sont disponibles, en plusieurs tailles couleurs et formes, dans la plupart des boutiques de fleurs séchées. Les autres matériaux sont du blé (*Triticum*), du maïs (*Zea Mays*), des piments, des roseaux panachés et des chatons d'ajoncs.

Les coloquintes les plus lourdes ont besoin d'être solidement attachées avant d'être employées : percez-les de deux trous avec une vrille, avant d'introduire le fil de fer (voir explications p. 115).

Les gros épis de maïs doivent être percés deux fois de fil de fer avant d'être utilisés. Pour les petits épis, un seul fil de fer transperçant la base de l'épi suffit. Épluchez les feuilles entourant le maïs pour découvrir l'épi.

J'ai choisi de séparer les coloquintes en deux groupes. Pour commencer, placez les plus grosses coloquintes bien en vue. Comme elles sont vraiment très lourdes, il est préférable d'entortiller le fil de fer et de le faire passer à travers le grillage, plutôt que de se contenter de planter ce fil de fer dans la mousse d'oasis.

Disposez ensuite le maïs contre les coloquintes, en utilisant d'abord les plus grosses d'entre elles, que vous placerez en éventail. Glissez les petits épis de maïs derrière les grands en suivant les contours de ces derniers.

Pliez légèrement le blé en deux en prenant soin de ne pas cassez les tiges. Passez un fil de fer dans le pli du blé, joignez les deux extrémités et tordez-les solidement.

Disposez le blé en le laissant dépasser en dessous et à l'extérieur des coloquintes et du maïs, jusqu'à ce que vous atteigniez la base de la composition. Pour le haut de la composition, coupez des tiges plus courtes.

Récupérez toutes les tiges cassées pour les éparpiller un peu partout dans votre ouvrage. Elles donnent à la girandole un aspect plus attrayant et elles contrastent avec les petits épis qui adoucissent les contours. En regardant la composition, on doit avoir une légère impression de désordre.

Écartez-vous alors de votre travail pour juger des progrès réalisés et voir quelle partie nécessiterait une amélioration.

Remplissez quelques espaces avec des piments rouges : ils créent un agréable contraste de couleurs entre les groupes de coloquintes.

Les chatons d'ajoncs donnent une touche sauvage à la composition.

Pour finir, donnez plus de relief à votre travail en ajoutant des roseaux panachés.

Moderne, sauvage, audacieuse, cette girandole hérissée de piquants semble avoir poussé là, abandonnée. Les tiges de blé et d'orge ressortent aussi bien de la masse que les épis. **(Page de gauche :)** Un remplissage original de grappes de longs piments rouges, aux formes tourmentées, fait écho aux spires des chatons d'ajoncs.

COMPOSITIONS LIBRES

Les éléments inhabituels sont maintenant très à la mode dans les compositions florales, et chacun peut se livrer à des essais.

Néanmoins, la plupart des compositions libres sont réalisées avec méthode et vous devez accorder beaucoup d'importance aux couleurs et aux proportions : ne croyez surtout pas que forme libre signifie désordre incontrôlé ! Dans ce chapitre, j'ai laissé le sujet et le support jouer un rôle important dans la composition. Dans les compositions aux formes libres, les espaces vides peuvent et doivent jouer le rôle de motifs à part entière, au même titre que les autres éléments. Les fleurs se prêtent à la créativité, laissez donc libre cours à votre imagination et inspirez-vous des exemples qui suivent pour en inventer d'autres.

Fontaine de lavande

Solidité et résistance ne sont pas les qualités principales de la lavande. Cependant, employée en grande quantité, elle transforme cette composition en un buisson dense et touffu. Il sera beau en été aussi bien qu'en hiver, lorsque la chaleur de l'âtre libérera ses huiles essentielles en embaumant votre pièce.

Bien que cette composition puisse être aisément modifiée ou transformée, par l'utilisation d'autres fleurs ou d'autres herbes à longues tiges, il est cependant toujours très important d'en conserver les proportions si vous désirez garder cette forme et cet effet : un tiers de support pour deux tiers de fleurs.

Placez une mousse d'oasis perpendiculairement dans votre support et calez-en d'autres morceaux sur les côtés pour maintenir le premier en place.

Faites attention : une grande composition comme celle-ci peut devenir délicate à manipuler.

Collez ensuite un autre morceau de mousse d'oasis au-dessus du premier.

Pour consolider votre composition, vous devez enfoncer une tige de bambou ou un tuteur dans les deux morceaux de mousse d'oasis. Si vous ne procédiez pas ainsi, la colle ne suffirait pas à les maintenir en place.

Plantez maintenant les tiges de lavande dans la mousse d'oasis, avec délicatesse et surtout patience. Il n'est pas conseillé de lier les tiges ensemble avant de les piquer : l'effet rendu ne serait pas le même.

Vérifiez toujours la longueur de chaque fleur avant de la mettre en place, en gardant constamment à l'esprit la forme finale désirée : celle d'une orange ovale.

Pour mieux suivre mon ouvrage, j'ai placé mon support sur un moule à gâteau retourné.

Garnissez chaque quartier l'un après l'autre en partant du sommet. Pour éviter d'abîmer la lavande dans la dernière partie, repoussez doucement les tiges avoisinantes d'une main et maintenez-les ainsi jusqu'à ce que vous ayez planté toutes les autres.

Quand vous avez terminé, taillez délicatement les fleurs qui dépassent, avec des ciseaux aiguisés, pour obtenir un contour net.

L'élégance et la sobriété des lignes de cette fontaine de lavande en font un objet très classique. Mais armez-vous de patience pour planter une à une les fleurs de lavande ! La beauté pure de cette composition récompensera tous vos efforts...

Placez une brique de mousse d'oasis dans le vase et rajoutez des petites cales de mousse sur les côtés. Puis, collez une autre brique sur la première et plantez à la verticale une tige de bambou.

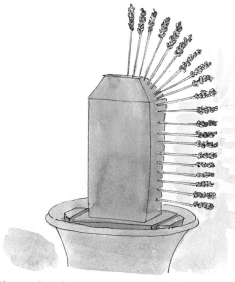

Piquez les tiges une par une. Ne travaillez qu'un quartier à la fois, en partant du sommet, et en gardant à l'esprit la forme finale que vous souhaitez obtenir.

Panier de fleurs d'été

Composition très traditionnelle, ce beau panier regorge de délicates couleurs estivales. C'est la combinaison des nuances qui fait son charme. Tons chaleureux de rose et d'orange, couleurs pêche et crème, nuances dorées, patinées : tout s'accorde dans une parfaite harmonie.

Toutes les fleurs dont les couleurs sont susceptibles de s'accorder ou de se compléter, conviendront pour cette composition. Néanmoins, vous pouvez suivre mon exemple, en utilisant des delphiniums rose bonbon, des immortelles crème et pêche, des nigelles, des boutons d'argent et quelques feuilles vertes. Le seul autre matériau nécessaire sera de la mousse d'oasis.

Calez bien la mousse d'oasis au fond du panier et disposez vos ingrédients en tenant compte de leur longueur et du mouvement que vous voulez donner à votre composition.

J'ai constitué un petit tas de fleurs différentes dont les tiges étaient courbées. J'ai planté, bien perpendiculairement près de l'anse, les fleurs à tiges droites.

Pour reprendre l'arrondi qui rappelle la forme du panier, j'ai planté une « frontière de fleurs » le long de l'axe qui part du bord du panier, passe sous l'anse et continue jusqu'au bord opposé. Ceci m'a donné la forme et le contour de la courbe.

Souvenez-vous que les boutons d'argent sont très fragiles et qu'il convient donc de les planter dans chaque partie, avec les autres fleurs, car leurs tiges se cassent facilement.

En partant de l'anse, j'ai garni une partie à la fois en me dirigeant vers le bord du panier. J'évite de trop tasser les fleurs dans le bouquet, de peur de casser celles qui sont déjà en place. Laissez juste assez de place autour de l'anse pour pouvoir saisir le panier.

Commencez par les tiges droites en les plantant dans l'oasis.

Garnissez toujours une partie à la fois. Utilisez les tiges courbées pour recouvrir légèrement le rebord du panier et là, ajoutez un peu de fougères ou de feuillage pour adoucir les contours.

Répétez la même opération de l'autre côté du panier.

Léger et fourni, ce panier
de fleurs d'été joue sur les
tons pastels. Bien que les
fleurs semblent être tombées
là naturellement, la
disposition est soigneusement
étudiée : les tiges droites
sont rassemblées au centre,
alors que les tiges courbées
retombent gracieusement sur
les rebords. Commencez par
travailler un côté de l'anse,
puis suivez exactement le
même modèle pour l'autre
côté.
(Page de gauche :)
Laissez les fleurs envahir
l'anse du panier, sans pour
autant la recouvrir
entièrement.

Panier de pains pour la cuisine

Cette petite composition pour la cuisine est amusante à réaliser. Elle vous distraira si vous passez de longues heures à mitonner vos petits plats.

Les épis de blé adoucissent les contours et contrastent avec le volume des pains, alors que la longueur des tiges rappelle les baguettes effilées et le gressin.

Rassemblez vos ingrédients. Il vous faut toutes sortes de pains : des pains au lait, du gressin et des pains torsadés. Vous aurez également besoin de blé (*Triticum Aestivum*), d'orge (*Hordeum*) et d'un grand panier à pain. Du vernis de polyuréthane clair sera nécessaire pour que le pain se conserve et pour donner à la composition une couleur dorée et brillante. Munissez-vous aussi de votre indispensable pistolet à colle et d'une grande rosette de papier pour décorer le tout.

Choisissez une variété de pains, videz-les en faisant un petit trou à la base de chacun et retirez-en doucement la mie. Les doigts fins de mes filles m'ont beaucoup aidée lors de cette opération.

Disposez les miches les plus grosses dans le fond du panier, en les inclinant bien dans les angles, jusqu'à ce que vous soyez pleinement satisfait du résultat. Empilez ensuite les petits pains au lait et les torsades sur le dessus. Ne croyez pas que tout doive se chevaucher ; les espaces vides peuvent aussi s'avérer très décoratifs.

Pour donner de la hauteur, utilisez des baguettes et des gressins.

Observez votre composition sous différents angles, et tenez compte de l'endroit où elle sera placée. Jouez sur les volumes et les formes, selon que vous voulez décorer une vieille commode ou un élément de cuisine moderne.

Les paniers de pains sont de plus en plus à la mode. Au lieu d'acheter des pains spéciaux, vous pouvez les préparer et les traiter vous-même. Mélangez les genres, depuis le petit pain au lait aux torsades, en passant par les gressins et les pains décorés de graines de céréales.

Lorsque l'aspect de la composition vous convient, commencez à coller les pains vidés à leur place définitive. Laissez ensuite les pains rassir pendant plusieurs jours.

Enduisez-les de vernis et ajoutez une pincée de graines de pavot sur certains ingrédients si vous le désirez ; ils collent facilement au vernis encore humide. Laissez sécher la composition pendant toute une nuit.

Pour compléter votre réalisation, introduisez doucement des épis de blé et d'orge noire dans le centre, de manière à former une touffe en V. Utilisez les tiges et les épis : ceci donne de la hauteur à une composition qui sinon serait trop massive.

Collez maintenant des bouquets de blé et d'orge dans la composition. Vous pouvez lier vos bouquets avec du raphia naturel ou du Scotch avant de les placer. Ajoutez votre ravissante rosette de papier : votre travail est terminé !

Pour éviter que vos pains ne moisissent, ôtez autant de mie que possible en creusant un petit trou à la base.

Roses sur bronze

La simplicité de ce bouquet de roses posées sur une coupe vert-de-gris est extraordinaire. La coupe elle-même est une pièce unique, mais les roses mettent encore plus sa beauté en valeur.

Vous utiliserez de la mousse d'oasis dans laquelle vous enfoncerez une grosse pierre pour empêcher l'ensemble de glisser, et des boutons de roses écarlates.

Maintenant, introduisez simplement les roses en réalisant une petite colline dans le centre de l'assiette.

Cette composition est l'une des plus simples mais l'une des plus jolies de ce livre. Cependant elle nécessite une grande quantité de roses, probablement plus que vous ne pensez. Pour cet exemple, je n'ai pas utilisé moins de 40 boutons de roses.

Éloge de la simplicité, ce petit bouquet rond de roses écarlates posé sur une grande coupe de cuivre vert-de-gris constitue un petit chef-d'œuvre d'art moderne.

Bougeoir doré

Les courbes quelque peu théâtrales de ce bougeoir majestueux en font un parfait objet à décorer de fleurs, de fruits et de rubans. J'ai donné de la richesse à cette composition en la vaporisant de peinture dorée en bombe. Le résultat final a un magnifique caractère baroque.

J'ai utilisé des nigelles de Damas (*Nigella Damascena*), des fleurs de carthame (*Carthamus Tinctorius*) et des capsules de pavot (*Papaver*) associées à du froment (*Triticum*), au feuillage touffu de l'eucalyptus et à des roses d'un rouge profond.

Sont nécessaires également : mousse d'oasis, Scotch, bombe de peinture dorée et un ruban de brocart.

Commencez par fixer un morceau de mousse d'oasis rectangulaire à la verticale, au fond du bougeoir.

Vaporisez d'abord de la peinture dorée sur toutes les fleurs, à l'exception des roses et du feuillage. Laissez sécher.

Enroulez ensuite le ruban autour du bougeoir et terminez par une rosette basse au centre.

Prenez les plus grosses capsules de pavot et groupez-les au centre, juste au-dessus de la rosette.

Travaillez maintenant vers le haut et l'extérieur avec des nigelles et des pavots, rassemblés en bouquets de trois ou de cinq fleurs.

À ce stade, équilibrez votre composition, mais il n'est absolument pas nécessaire de former des groupes symétriques.

Ajoutez des gerbes de fleurs de carthame et du froment sur les bords ; pour le bas, utilisez les plus longs des épis de froment et les plus grandes fleurs de carthame.

Pour donner profondeur et relief, prenez quelques tiges d'eucalyptus à longues feuilles et introduisez-les le long des contours.

Pour terminer, ajoutez cinq roses d'un rouge profond juste au-dessus du point central.

Elles mettront en valeur l'ensemble de la composition en s'harmonisant parfaitement avec les divers autres éléments.

Pour ce modèle, utilisez un rectangle de mousse d'oasis que vous collerez aux branches du bougeoir avec un ruban adhésif transparent. Choisissez l'adhésif dans une qualité extra-forte.

Entourez de ruban doré les branches du bougeoir et nouez une grosse rosette. Piquez les plus belles capsules de pavot au centre pour démarrer votre composition.

Rutilant d'or et de pourpre, ce bougeoir à deux branches encadre un médaillon de verdure où dominent le pavot et le blé dorés. Sous les cinq roses écarlates fièrement dressées, la fluidité d'un ruban de brocart rompt la géométrie des lignes.

Gerbes d'automne

Autrefois la tradition voulait que l'on fasse des gerbes de céréales à l'époque des moissons. Leur beauté ornait les églises pendant que l'on remerciait le ciel pour le grain et les épis récoltés.

Aujourd'hui ces gerbes remportent toujours le même succès grâce à leur simplicité raffinée.

GERBE DE BLÉ

Une gerbe de blé, fraîchement ramassé, est la parfaite incarnation des richesses de la nature. Par sa simplicité très classique, elle constitue une étonnante décoration pour toutes les occasions.

Cependant, attention ! Lorsque j'ai confectionné ma première gerbe de blé je croyais que ce serait un travail très facile : il s'avéra en fait délicat.

Il existe cependant un moyen de bien réussir votre gerbe, même si vous rencontrez quelques problèmes lors de votre premier essai.

Vous aurez besoin d'une cordelette, d'un grand journal, de ciseaux aiguisés, d'un ruban naturel de raphia ou d'herbes pour cacher le lien de la gerbe.

Placez la grande feuille de journal sur un large plan de travail (j'ai posé la mienne par terre). Relevez les bords du journal et calez-les avec des piles de livres de manière à former une sorte de rigole. Posez un morceau de cordelette en travers de la feuille de journal en laissant chaque extrémité dépasser des deux côtés de la rigole.

Déposez le blé dans la rigole en alignant le haut de la gerbe sur le bord de la feuille. J'ai utilisé six bouquets de blé pour remplir ma rigole.

Reprenez la ficelle et attachez-la sans la serrer. Maintenant, armez-vous de courage et de patience ! En laissant les bouquets bien à leur place, tournez légèrement votre gerbe : faites bien attention car à la minute même où vous prenez la gerbe, les épis se dispersent aussitôt !

De belles gerbes paysannes, d'une simplicité désarmante ! Mais ne vous y trompez pas, lier une gerbe relève de l'exploit !

Resserrez la cordelette pour que la gerbe ne puisse plus bouger et coupez les extrémités des tiges à la même longueur.

Vous pouvez alors enlever la gerbe du papier journal et la redresser.

Cachez la cordelette avec soit du raphia tressé, soit une grosse rosette de papier, soit des herbes enchevêtrées liées par des nœuds plissés, en vous assurant que la cordelette du dessous tienne bien la gerbe en place.

Cette composition donnera le même effet si vous utilisez de la lavande ou de l'orge.

GERBE DES MOISSONS

Les couleurs vermillon de l'automne sont rassemblées dans cette gerbe rougeoyante. L'orange, le vert et le doré se côtoient pour rehausser l'éclat de la composition.

J'ai utilisé du carthame orange feu (*Carthamus Tinctorius*) dont j'avais ôté les délicieux boutons verts, des agérates (*Lonas*) et des immortelles (*Helichrysum bracteatum*) jaunes, oranges et saumon. La gerbe se niche dans un doux halo d'orge noir (*Hordeum*).

Vous devez également vous munir de raphia vert naturel, pour ficeler la gerbe.

J'ai réalisé cette composition toute seule, mais il peut s'avérer très utile d'être assisté d'une personne qui vous aidera à attacher la gerbe.

Coupez toutes les tiges à la même longueur. Prenez ensuite le carthame, les immortelles et quelques marguerites et assemblez-les en un bouquet. Essayez d'alterner les nuances pour qu'il n'y ait pas de touffes de la même couleur.

Il est important de garder les fleurs et les tiges à la même hauteur, ne posez donc pas la gerbe avant qu'elle soit terminée.

Tenez la gerbe d'une main et, de l'autre, faites une boucle de raphia autour des tiges. (Les mains d'une autre personne vous aideront beaucoup en cette circonstance.)

Voici maintenant le moment où il faut faire preuve d'astuce : vous devez compléter la gerbe avec un cercle de marguerites puis un autre d'orge pour l'extérieur.

La meilleure façon de parvenir à cela est de garder le nœud du bouquet desserré, d'introduire d'abord les

Vue du dessus, la gerbe présente un dessin symétrique entouré d'un halo de barbes d'orge. Il ne faut jamais lâcher la gerbe pendant la composition, mais la tourner régulièrement pour ajouter les différents éléments. On aurait ici pu adoucir les couleurs en introduisant par exemple des tons rose pâle.

Étalez une double page de journal entre deux piles de livres, pour former une rigole. Disposez sur la largeur du journal une ficelle sur laquelle vous poserez le blé.

Prenez la gerbe dans une main et faites une boucle de raphia autour des tiges. Puis, superposez les couches d'agérate et d'orge. Ne posez pas la gerbe avant de l'avoir liée.

marguerites, puis l'orge, jusqu'à ce que la gerbe soit complète.

Tirez alors doucement la ficelle de raphia. Cette opération donnera à la gerbe une forme de dôme et inclinera les tiges. Maintenez la gerbe par un nœud.

Pour garder à la composition sa forme, ajoutez une autre ficelle de raphia plus épaisse qui empêchera la première de bouger. Pour finir, ajoutez des rosettes plissées de raphia vert.

Cette composition a l'aspect d'un bouquet fraîchement cueilli au retour d'une promenade dans la campagne. Sa beauté mérite certainement que l'on fasse preuve de patience pour la réaliser.

MINIATURES, CADEAUX ET ORNEMENTS

J'ai expérimenté dans ce chapitre différentes façons d'utiliser des compositions miniatures pour la décoration d'objets de votre intérieur tels que chapeaux et coiffes, selon des thèmes floraux traditionnels.

Vous trouverez également d'intéressantes idées de cadeaux et des techniques pour garnir de petites fleurs des présents déjà empaquetés. Pour ces réalisations, il ne vous faudra pas beaucoup de fleurs, mais l'effet rendu n'en sera pas moins surprenant.

De toutes les idées suggérées dans ce livre, celles qui vont suivre seront les plus à même de vous inspirer pour la réalisation de vos propres créations.

Paniers miniatures

Les petits paniers ont un charme très particulier. Au moment du choix de vos ingrédients, vous verrez que vous pouvez utiliser beaucoup de chutes, les unes trop petites, les autres trop courtes, les dernières enfin, trop fragiles pour d'autres compositions.

Les petits paniers vendus chez les fleuristes, dans les supermarchés ou même dans les magasins de jouets, ne coûtent pas cher et peuvent être garnis très facilement avec un minimum d'ingrédients.

Il faut rembourrer chaque panier de mousse d'oasis avant de commencer.

BLÉ ET BLEU DE COBALT

J'ai décoré les contours de ce panier avec du blé, et garni l'intérieur avec le bleu de cobalt des pieds d'alouettes (*Triticum aestivum*). Ajoutez également des têtes de pavots, dont la texture et la couleur agrémenteront agréablement votre composition.

Pour entourer le panier, choisissez du bolduc d'une nuance complémentaire. Finissez par une rosette, à laquelle vous pouvez ajouter une frisette : vous passez la lame des ciseaux sur le ruban, en tirant légèrement.

PANIER SOLEIL

De charmantes immortelles jaunes garnissent ce petit panier. Leurs tiges sont très fragiles, mais à cette échelle, il est possible de les planter soigneusement dans la mousse d'oasis. Si certaines d'entre elles cassent, collez-les tout simplement. Là aussi, un ruban achèvera votre composition.

NUANCES DE VERMILLON

Ce petit panier de forme oblongue est garni avec des immortelles (*Helichrysum bracteatum*) dans les tonalités vermillon et rose cramoisi. Je l'ai rempli de joncs bruns (*Scirpus*), mais vous pouvez utiliser n'importe quelles herbes touffues ou des roseaux. De petites capsules de pavot sont parsemées dans ce panier bigarré. Les tons bruns et beiges la complètent parfaitement.

PANIERS DE PERLES

Des gypsophiles blancs forment la base de cette composition d'un élégant blanc crème. Une immortelle d'un blanc argenté (*Helichrysum vestium*) en constitue le point central. Pour ajouter hauteur et mouvement utilisez des amourettes blanches (*Briza Maxima*).

PANIER DE BOUTONS DE ROSES

Ce monceau de roses rose pâle est réalisé en commençant par une fleur ouverte au centre du panier et se termine par de petits boutons sur les contours. Piquez les roses très serrées pour donner à l'ensemble de la densité.

J'ai enroulé un ruban de satin double autour de l'anse et sous le panier, avant de le nouer sur le côté par une petite rosette.

Les immortelles roses deviennent extrêmement fragiles une fois séchées, mais leur charme demeure irremplaçable. Commencez par planter au centre une fleur à longue tige, puis piquez en deux ou trois autres sur les côtés. Il vous en faudra peu, car les têtes sont volumineuses.

Cette collection de petits paniers garnis fleure bon la campagne. Vous les réaliserez sans mal en récupérant les chutes d'autres compositions.
Sur l'étagère du haut : *Blé et bleu de cobalt, Nuances de vermillon, Panier de perles.*
Sur l'étagère du bas : *Panier soleil et Panier de boutons de roses.*

PANIERS DE NOËL

Parfaits pour décorer une table de fête, ces petits paniers se préparent très rapidement. Ils peuvent aussi servir à compléter d'autres décorations déjà existantes.

Le panier de gauche est garni de noisettes et de pommes de pins dont une a été préalablement vaporisée de peinture dorée en bombe et placée au centre. Achetées pour la décoration de Noël, des étoiles montées sur un petit fil de fer entourent l'ensemble. Pour imiter les baies, j'ai utilisé des perles de couture rouge écarlate.

Le panier doré, plus grand, est garni de capsules de pavot, de cheveux d'ange et de carthame (*Carthamus Tinctorius*).

Vous pouvez acheter ces fleurs déjà pailletées d'or, mais il est tout aussi facile de les dorer vous-mêmes : installez-vous dehors ou dans une pièce bien aérée, et placez les fleurs sur de grandes pages de journaux avant de les vaporiser de peinture dorée.

La ribambelle d'étoiles vertes serpente entre les éléments de la composition. Pour en adoucir l'aspect j'ai disposé des feuilles d'immortelles sur les bords du panier.

Composer ces petits paniers d'osier, remplis à ras-bord de fleurs, de noix et de pommes de pins dorées, est un jeu d'enfants. Quelques étoiles et boules de Noël, et le tour est joué !

Offrez des paquets garnis de fleurs

Offrez des cadeaux personnalisés en décorant vos paquets d'un joli ruban et de quelques fleurs séchées.

Les matériaux naturels peuvent mettre en valeur les papiers les plus originaux. Ces quatre exemples emballeront tous vos amis !

PAQUET PIMENTÉ
Il serait dommage de réduire tous ces beaux piments rouges en sauce ! Ces tortillons brillants sont de précieux accessoires de décoration. Sur un papier gauffré tissé de paille et de fibres naturelles, j'ai noué un ruban d'organdi marron clair et rouge piment. Les piments épousent la forme de la rosette.

BRUN DORÉ
Un ruban de mousseline imprimée entoure l'emballage brun. De délicates frondes translucides rappellent le voile de mousseline. Des lanternes chinoises oranges ravivent l'ensemble.

PAQUETS DE RAPHIA
Tressez le raphia ou ficelez-le grossièrement autour du paquet, puis piquez des feuilles de laurier ou des épis de blé.

Les emballages gauffrés se prêtent merveilleusement à ces décorations naturelles. J'ai utilisé du blé, du raphia, des piments rouges, des feuilles de laurier, des lanternes chinoises et des frondes translucides.

Il n'existe pas vraiment de règles dans ce domaine, mais vous pouvez vous inspirer de ces exemples pour réaliser vos compositions.

J'ai parfois assorti les fleurs aux couleurs des rubans, alors que d'autres fois j'ai mis en valeur les compositions par un fort contraste entre les textures et les nuances. C'est également un excellent moyen d'utiliser les chutes de fleurs et de feuillages des travaux précédents.

PAQUET BLANC GARNI DE FOUGÈRES
Le papier-cadeaux blanc est élégamment décoré d'un ruban tricolore : blanc, doré et bleu foncé. Les fougères sombres lui donnent une étonnante silhouette. (Conservez les feuilles de fougères en les faisant tremper dans une solution de glycérine. Voir page 110.)

PAQUET BLEU ET VERT
Du raphia d'un vert somptueux entoure un élégant papier bleu marine et se termine par une tresse.

ORGANDI DE DENTELLE
Un ruban vert et bleu foncé est orné de morceaux de fleurs de pieds d'alouette bleu foncé, qui sont joliment mis en valeur par un fond de dentelle.

CHARDONS SUR ÉCOSSAIS
D'étonnants chardons carline trônent sur un ruban écossais. Un autre petit ruban de papier blanc vient s'assortir au fond blanc du gros ruban.

DU HÊTRE FAYARD
Une multitude de rubans roses assortis ligotent ce petit paquet écarlate. Des feuilles de hêtre sont glissées dans les replis du ruban.

BLEU LAVANDE
Un superbe ruban de gaze bleu lavande enserre un petit bouquet de lavande. Le petit ruban de papier blanc et mauve constitue un fond parfait.

Un ruban de voile léger, quelques feuilles ou une fleur transformeront en un clin d'œil vos paquets-cadeaux. Ici, pour personnaliser mes paquets, j'ai glissé sous le ruban des brins de fougère, de lavande, des copeaux d'écorce de hêtre, un pied d'alouette. Une tresse ou une corde grossière de raphia, nouée en guise de ruban, fait tout à fait l'affaire. Un chardon carline, tombé d'une autre composition, a trouvé sa place sur un ruban écossais.

Couronnes de fleurs

Ces charmantes couronnes sont très faciles
à réaliser et peuvent transformer une petite
fille espiègle en nymphe des forêts. J'ai
réalisé une couronne d'automne (qui se
prêtera aussi bien aux cérémonies hiver-
nales) et une couronne d'été.

SPLENDEUR D'AUTOMNE
Pour la couronne d'automne, des
immortelles rouge orangé et bordeaux
sont disséminées parmi de petites
branches de hêtre rouge (*Fagus
Sylvatica*). Pour confectionner la
couronne, il vous faut du fil de fer, du
Scotch et un pistolet à colle. La rosette
en organdi chatoyant, complète la
composition.

J'ai d'abord croisé deux branchettes
de hêtre ensemble en les attachant avec
du fil de fer. J'ai entouré la tête de ma
fille en utilisant les autres rameaux : j'ai
consolidé les plus fragiles avec du
Scotch.

Je n'ai pas retiré les feuilles des
branchettes : j'en ai même plutôt rajouté
dans les espaces vides et derrière les
immortelles pour constituer un arrière-
plan.

J'ai ensuite collé, à la base des
rameaux, des immortelles en les laissant
pendre le long des côtés de la couronne.
Placez les fleurs les plus lourdes sur les
côtés et vers la base. Gardez les plus
légères et les plus fragiles pour le haut.
J'ai laissé le haut de la couronne
relativement dégarni pour mettre en
valeur le visage de Tiphaine.

Pour finir, j'ai noué le ruban
translucide en faisant une très belle
rosette.

*Réalisez ces jolies couronnes d'été ou
d'automne à partir des restes des autres
compositions. Les jeunes filles en orneront
volontiers leurs cheveux à la première
grande occasion !*

Croisez deux branches de hêtre, liez avec du fil de fer, courbez à la taille de la tête, fixez avec du ruban adhésif.

COURONNE D'ÉTÉ

Les cheveux très blonds de mon autre fille ressemblent à la brume d'un soleil d'été lorsqu'ils sont ornés de cette couronne garnie d'immortelles blanches et jaunes.

Un cintre de fer, du raphia naturel et des amourettes (*Briza Maxima*) constituent les autres composants de cette couronne. Votre pistolet à colle et un peu de fil de fer sont nécessaires pour attacher solidement ensemble tous les éléments. Un ruban d'organdi translucide constitue la touche finale.

J'ai courbé le cintre de fer et j'en ai entouré la tête d'Abigaïl. Pour assortir cette couronne à celle de sa sœur, j'ai

aussi croisé celle-ci sur la nuque de ma seconde fille.

J'ai ensuite enroulé le cercle de fer avec du raphia ; je l'ai fixé avec de la colle, mais j'ai laissé pendre les extrémités des brins de raphia sur les cheveux de ma fille.

Comme les immortelles sont très fragiles, je n'ai utilisé que les têtes des fleurs en les collant directement sur le raphia et en les serrant bien les unes contre les autres pour former une couronne compacte.

Sur le raccord de la nuque, j'ai collé des amourettes, en les laissant pendre nonchalamment. Pour finir, j'ai ajouté une jolie rosette en organdi.

Collez les tiges d'amourettes sur le croisillon de la base pour faire retomber souplement le raccord de la nuque.

Noisettes et cônes scintillants

Les paniers remplis de noisettes et de cônes brillants sont de merveilleux supports pour vos bougies.

Ces compositions sont remarquablement simples à réaliser : elles ne demandent qu'un œil exercé pour choisir des textures et des nuances à la fois assorties et contrastées.

J'ai utilisé des noisettes lustrées, des noix de pécan et des châtaignes qui contrastent avec la texture rugueuse des noix du Brésil et des amandes. Pour mettre en valeur cette composition, vous devez passer une couche de vernis sur les ingrédients, avant de les assembler.

L'un de mes paniers possédait déjà des supports de bougies ; pour l'autre j'ai aplati du grillage dans le fond pour pouvoir y insérer fermement la base de la bougie. J'ai ensuite commencé ma composition en disposant de larges bouquets de noisettes renforcés à la base par de la colle.

Essayez de placer les différents bouquets en tenant compte de leur forme et laissez les noisettes dépasser des bords du panier pour équilibrer le poids de la composition. Ajoutez un assortiment de cônes tels que des pommes de pins et de mélèzes.

Pour produire plus d'effet, utilisez des bougies de cire d'abeille.

*Ces ravissants paniers débordant de noix et de cônes, peuvent être convertis en bougeoirs ou exposés tels quels (**ci-dessous**). Les coques vernies brillent à la lumière de ces bougies de cire naturelle. Pour composer ces cornes d'abondance, le pistolet à colle s'impose.*

Paniers de pot-pourri ornés de guirlandes

Ils évoquent le changement des saisons grâce à l'arôme du pot-pourri. Dans cet exemple, deux paniers sont garnis de guirlandes de fleurs pour rappeler la quintescence de l'automne et les teintes pastel du printemps et de l'été. On peut aussi acheter des huiles essentielles pour parfumer ces paniers.

PANIER D'ÉTÉ
Ce petit panier vert menthe évoque la douceur d'un jour d'été, surtout grâce aux nombreuses couleurs estivales des végétaux que vous utiliserez. Sa réalisation vous demandera d'employer des boutons de fleurs ou de petits végétaux que vous réserverez pour garnir les bords.

De la lavande, des pieds d'alouette, des roses, du blé, des cheveux de Vénus et des immortelles constituent les principaux éléments utilisés.

Le bord du panier est orné de petits bouquets de fleurs dont les tiges ont été entourées de Scotch, ou de fleurs que l'on fixe à l'aide d'un pistolet à colle.

Commencez par coller de petites gerbes de blé directement à la base de l'anse du panier. Autour du blé, serrez les uns contre les autres les petits bouquets de roses, de pieds d'alouette et les boutons de scabieuse ; le tout dissimulera le Scotch et les tiges précédentes, au fur et à mesure que vous progresserez dans la confection de votre ouvrage.

Garnissez ensuite le tour du panier avec des bouquets de cheveux de Vénus (*Nigella Damascena*) auxquelles vous ajouterez une gerbe composée de nigelles d'Espagne et de lavande. Sur cette dernière, éparpillez des têtes d'immortelles rose pâle (*Helichrysum Bracteatum*).

Remplissez le panier de cheveux de Vénus vert d'eau, de lavande, de pétales de roses et de toutes les variétés de pétales pastel non utilisés pour d'autres compositions.

Parfumez les pétales avec de l'essence florale ou de l'extrait de rose pour obtenir une parfaite décoration estivale.

J'ai niché ce pot-pourri estival dans un panier fantaisie. Utilisez des couleurs fraîches et des tons pastels pour évoquer l'été. Si votre panier est plus petit, réduisez le nombre de fleurs sur les rebords. Vous pouvez composer votre propre pot-pourri ou bien acheter un mélange aux couleurs claires, puis le recouvrir de boutons de fleurs vert pâle ou roses.

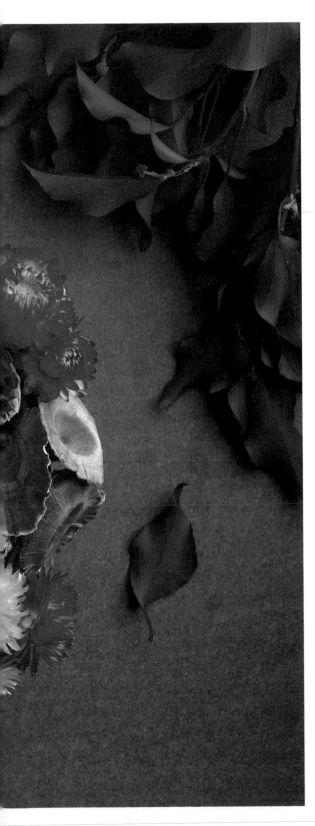

PANIER D'HIVER

Les tièdes senteurs capiteuses d'une nuit d'hiver émanent de ce simple panier de paille de forme ronde.

Dans cet exemple, j'ai utilisé des champignons dorés, des immortelles couleur de feu, des cônes et des noisettes. Tous les éléments sont collés au panier à l'aide d'un pistolet à colle.

Comme pour le panier d'été, vous garnissez le rebord, une partie à la fois, en collant de petits bouquets de fleurs qui attirent le regard. En effet, il n'est pas très efficace de travailler en éparpillant quelques fleurs ici et là.

Ce que vous mettez dans le pot-pourri n'a pas tellement d'importance. Seules les couleurs et les formes importent, mais n'oubliez pas non plus d'ajouter des herbes parfumées comme le basilic, la marjolaine, la reine des prés, la menthe, le romarin, la sauge et surtout le thym. Les épices offrent également des parfums délicieux : l'anis, la cardamome, des bâtons de cannelle, et les cosses de vanille ne sont que quelques exemples de tout ce que l'on peut utiliser.

Parmi les autres merveilleuses senteurs de l'hiver on compte l'eucalyptus, le citron vert et les zestes de pelure de citron pour créer un fort contraste d'arômes.

Même abîmée, une immortelle reste une immortelle. Je les ai mêlées à quelques champignons bruns et à des cônes rugueux pour orner ces petits paniers ronds. Remplissez les espaces d'un pot-pourri de pétales, fleurs et épices. Quelques gouttes d'huiles essentielles d'orange, par exemple, referont vivre un automne à votre composition.

Petites boules de roses et de girofles

Rien n'égale le tiède et naturel arôme d'une orange piquée de clous de girofles, ou encore le parfum profond et sensuel des roses. Placez ces petites boules dans vos placards à linge ou votre garde-robe, et laissez leurs délicieux parfums pénétrer les étoffes.

ORANGE AUX CLOUS DE GIROFLES

Utilisez des oranges à peau fine comme l'orange « navel » ou l'orange d'Espagne ; ne prenez pas d'oranges de Jaffa dont la peau épaisse rendrait l'insertion des clous de girofle trop difficile. Les mandarines ou clémentines sont également à exclure car elles ont tendance à être molles et vite périssables.

Avec l'orange, vous aurez besoin d'une cordelette, d'un ruban étroit d'une grande quantité de clous de girofles.

Ficelez l'orange comme un colis avec la cordelette, en la divisant en quatre quatiers. Si vous voulez orner d'un ruban ce type de réalisation, ne le placez pas maintenant car il peut être taché par le jus du fruit. (Attendez que l'orange ait séché et retirez la ficelle pour mettre le ruban en place.)

Piquez les clous de girofle un à un sur l'orange jusqu'aux limites des secteurs.

Laissez sécher l'orange, qui va légèrement rétrécir. Vous pouvez commencer à décorer les liens.

Si vous avez utilisé du fil ou de la cordelette, il est possible d'ajouter de petits détails amusants à leur extrémité : dans cet exemple, j'ai percé des trous dans des noix de muscade que j'ai enfilées aux extrémités de la cordelette. Vous pouvez bien sûr utiliser des perles de bois : elles feront bel effet.

J'ai aussi collé des feuilles de laurier au sommet de l'une de ces petites boules pour lui donner une allure de « chapeau de lutin ». Vous pouvez également coller des cônes.

Apportez un soin particulier à ces petits détails car ils confèrent un caractère unique à votre réalisation.

PETITE BOULE DE ROSES

La boule de roses se fabrique de la même manière, seul le support change : on utilise alors une mousse d'oasis sphérique.

Avec un étroit ruban de satin, divisez la boule en deux secteurs et piquez avec précaution les boutons de roses dans la mousse d'oasis.

Nouez un ruban en rosette pour agrémenter d'une touche finale très raffinée. Cette composition convient très bien pour décorer un boudoir ou une garde-robe.

Parfumez vos armoires de ces petites boules d'orange et de girofle et décorez votre chambre de pelotes de boutons de roses. Il vous faudra bien de la patience pour piquer un à un les ingrédients, mais ces merveilleux présents méritent bien quelques sacrifices !

Piquez les clous de girofle un par un dans une orange. Partez du sommet et procédez quartier par quartier.

En collant quelques feuilles de laurier à la base de la boule, vous obtiendrez un petit chapeau de lutin.

Ornements de chapeaux

Amusant ou fantaisiste, un chapeau peut se parer d'objets simples, transformant ainsi une coiffure quelconque en un accessoire très original. Voici de simples chapeaux de paille, vraiment peu coûteux qui ne demandent qu'à être décorés. Vous trouverez ici trois exemples de conseils, faciles à suivre, pour orner votre chapeau en utilisant du raphia naturel et quelques fleurs séchées.

CHAPEAU DE PAILLE
BLEU MARINE

D'une forme très simple, ce chapeau est aussi le plus rapide à réaliser.

Enroulez des brins de raphia naturel autour de la base du chapeau et joignez les deux extrémités en faisant une longue tresse terminée par un nœud.

Introduisez quelques petites immortelles aux teintes lumineuses dans le raphia, en glissant deux d'entre elles à l'extrémité de la tresse. Maintenez les fleurs en place avec de la colle.

CHAPEAU D'ENFANT ORNÉ
DE CARTHAME

Commencez par tresser de longs brins de raphia. Stoppez les extrémités avec du Scotch et collez la tresse autour de la base du chapeau.

Nouez ensuite une rosette de raphia et introduisez un morceau de fil de fer en son centre. Les deux peuvent ensuite être torsadés et introduits dans la tresse à l'arrière du chapeau.

Veillez à ce que la tresse et la rosette ne soient pas trop imposantes pour un si petit chapeau.

Pour aller plus vite cependant, vous pouvez acheter des tresses de raphia naturel déjà armé, que vous pourrez mettre dans vos compositions. Cela donne des décors de chapeaux parfaits.

Par souci d'économie et tout particulièrement si vous utilisez beaucoup de raphia dans vos compositions, achetez-le en grande quantité.

Pour égayer un simple chapeau de paille, plantez quelques fleurs de tournesol et agrémentez-le d'une tresse de raphia. Vous pouvez également utiliser des feuilles ou des touffes d'herbe, au gré de votre fantaisie et des matériaux qui vous tombent sous la main.

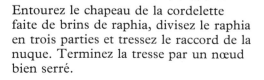

Entourez le chapeau de la cordelette faite de brins de raphia, divisez le raphia en trois parties et tressez le raccord de la nuque. Terminez la tresse par un nœud bien serré.

Piquez ça et là quelques fleurs de carthame. Leur tige est assez solide pour être piquée directement dans le raphia, mais pour plus de sécurité, ajoutez une goutte de colle.

(*À gauche :*) *Sur la tresse, une rosette de raphia grossièrement nouée bordée de quelques fleurs de carthame.* (*À droite :*) *Autour d'une tête cuivrée de tournesol, des brindilles et des épis s'élancent en tout sens.*

Une fois disposée la tresse de raphia, vous pouvez ajouter les fleurs séchées. Quelques-unes seulement suffisent. Pour finir, prenez de petites fleurs de carthame orange (*Carthamus Tinctorius*) et introduisez-les dans la tresse, près de la rosette. Maintenez-les en place à l'aide de quelques gouttes de colle.

CHAPEAU DE TOURNESOL

Ce chapeau à larges bords est un excellent support pour les immenses fleurs exotiques du tournesol (*Helianthus Annuus*).

Les fleurs de tournesol remportent un certain succès ces dernières années. Si vous faites pousser les vôtres, il faudra procéder à leur conservation. La meilleure méthode de séchage consiste à les coucher, fleur sur le dessus, dans du gel de silice. (Voir détails en page 108.)

Collez trois ou quatre fleurs de tournesol sur le rebord et ajoutez des feuilles de carthame (*Carthamus*) pour donner du relief.

Si vous préférez, vous pouvez armer les têtes des fleurs de fil de fer, mais de la colle chaude devrait s'avérer suffisante pour les maintenir.

En guise de ruban, utilisez de l'orge noire à tiges courbées et pliez celles-ci en deux, de manière à ce que les épis et les tiges soient bien visibles. Attachez le pli avec du Scotch et collez le tout sur le chapeau.

Des gerbes soit de joncs (*Scirpus*) soit de roseaux des bois sont utilisées de la même manière : elles se déploient en éventail sur le rebord du chapeau, en remontant légèrement.

Bougies décoratives

J'adore les dîners aux chandelles, où l'on peut oublier les soucis du jour et commencer à se détendre. D'ailleurs, en hiver, je laisse souvent brûler une bougie ou deux dans la pièce pour créer une atmosphère apaisante.

J'ai associé ici fleurs et bougies, qui vont donner à votre salon ou à votre salle à manger une note luxueuse.

Faites très attention quand vous utilisez des bougies allumées à proximité des fleurs séchées. La plupart des fabricants recommandent de tenir la flamme au moins à 5 cm de tout objet inflammable.

COURONNE DE BLÉ ET DE PIEDS D'ALOUETTE

Cette couronne est parfaite pour les soirées de fin d'été, au moment où l'on déguste le fromage et le vin. Elle est confectionnée autour d'un chandelier de fer et piquée sur une mousse d'oasis circulaire.

Je voulais que cette composition serpente entre les supports des bougies, mais il s'avérait particulièrement difficile de ne pas donner une impression de désordre.

Pour résoudre ce problème, je me suis bornée à n'utiliser qu'un seul ingrédient : du blé (*Triticum aestivum*), en bouquets de trois ou de cinq épis. Essayez de disposer vos bouquets de manière à créer une impression de mouvement, mais prenez bien soin de les juxtaposer exactement les uns aux autres.

Comme ce support permettait à la couronne d'être suspendue au-dessus de la table, j'ai laissé retomber plusieurs bouquets d'épis vers le bas.

Ceci donne à la composition un aspect animé.

J'ai inséré, parmi les bouquets de blé, de petites touffes de pieds d'alouette bleu cobalt.

Enfin, faites serpenter un étroit ruban vert et or parmi les petites gerbes de blé, pour mettre en valeur le mouvement de votre composition.

BOUGEOIRS RUSTIQUES

Voici un très bon moyen d'utiliser de vieux rouleaux de carton. Coupez-en un d'une longueur d'environ 7,5 cm, et collez des bâtons de cannelle tout autour. Choisissez des bougies dont la couleur s'accorde avec celle de la cannelle. Liez l'ensemble avec du raphia naturel et glissez-y des feuilles de laurier.

Vous pouvez également coller des feuilles de laurier à la base d'une bougie et ajouter une bande de raphia vert autour du pied.

(**Ci-dessous :**) *Avec trois fois rien, les bâtons de cannelle et les feuilles de laurier deviennent des bougeoirs rustiques.*
(**A gauche :**) *Cette composition de blé et de pieds d'alouette dans ce chandelier moderne forme un superbe centre de table.*

Jolis petits présents

Ces deux petits paquets sont aussi char-
mants que faciles à réaliser. Ils sont ficelés
simplement avec du raphia, à la façon d'un
cadeau destiné à la famille ou à des amis,
mais, quand vous les offrirez, ils feront
certainement naître un sourire ou une
expression de ravissement.

Cherchez, dans des boutiques de
cadeaux ou des carteries, de petites
boîtes de différentes formes. Pour celle
qui est en forme d'étoile, j'ai retourné la
boîte sur la mousse d'oasis, afin de
découper celle-ci à la taille voulue.
  Enroulez maintenant soit du raphia,
soit de la cordelette, soit des herbes
tressées autour du récipient, pour le
diviser en secteurs, et déterminez
différentes zones, grâce à ces limites.
J'ai utilisé des clous de girofle, de la
cardamome et du statice (*Limonium
Sinuatum*).
  Le panier rond tissé est réalisé de la
même façon, mais vous devez d'abord
découper votre mousse d'oasis, comme
pour les autres compositions. J'ai garni
ce panier avec de la saladelle, des
cheveux de Vénus et des nigelles
d'Espagne.

Exploitez les formes de n'importe quelle
petite boîte en soulignant les divisions
avec des brins de raphia, des tresses de
ronces ou des ficelles de couleur. Puis
improvisez un petit nœud fantaisie.

Vos amis apprécieront ces adorables petites boîtes garnies. Séparez bien les différentes cases avec du raphia, des ronces ou une petite cordelette, puis remplissez-les de fleurs, d'épices et de graines. Ici, j'ai juxtaposé les couleurs naturelles de la cardamone, du clou de girofle, des cheveux d'ange et de la nigelle d'Espagne et tranché avec du statice violet.

Matériel et outils

De nombreuses personnes peuvent se sentir découragées à l'idée de réaliser une composition florale, car elles pensent qu'un équipement de spécialistes est nécessaire pour obtenir un résultat de professionnel.

Sans pour autant sous-estimer le savoir-faire du maître d'œuvre, on peut dire que de splendides compositions peuvent être confectionnées à l'aide d'un minimum de matériel.

Néanmoins, certains outils disponibles dans le commerce sont très utiles : il y en a que vous possédez déjà et d'autres qui constitueront un achat judicieux.

De tous les outils que vous pourrez acheter pour exercer votre passion, aucun ne coûte excessivement cher. Quand vous aurez acquis ce matériel de base, vous le posséderez une fois pour toutes. D'autres articles comme la mousse d'oasis, le fil de fer et le grillage peuvent être réutilisés quand la composition se défraîchit.

Dès que vous pouvez utiliser le matériel adéquat, l'art des fleurs séchées devient beaucoup plus accessible.

J'ai retenu les outils que je considère comme étant les plus utiles, mais cette liste n'est en aucune manière exhaustive.

COUPER

Pour couper les tiges et les rubans, pour élaguer les éléments qui dépassent, de bons **ciseaux** s'imposent. Des ciseaux de cuisine à double tranchant et lames crantées seront les bienvenus car ils vous évitent de racheter une pince coupante pour le grillage.

Un **sécateur** léger est également très utile. Gardez-en toujours un dans votre poche au cas où vous trouveriez des fleurs qui vous plaisent au cours de vos promenades.

J'essaie toujours de couper soigneusement le végétal, même quand j'ai à faire au plus piquant des buissons.

C'est une question de courtoisie envers la nature et envers les autres promeneurs. (Soyez également très attentif aux arrêtés municipaux et autres lois qui vous interdisent de cueillir des espèces protégées.)

Lors du séchage à la glycérine, un **couteau tranchant** ou un **cutter** à lames interchangeables vous aidera à couper les tiges les plus dures en biseau, ce qui permettra à la plante de mieux absorber la glycérine.

La mousse d'oasis n'est pas difficile à couper mais un **couteau de cuisine** rend cette tâche plus aisée.

ATTACHER

La plupart des livres de jardinage consacrent de longues pages aux techniques d'attache du fil de fer à la tige du végétal, techniques qui s'avèrent nécessaires surtout quand la tige est trop courte ou particulièrement fragile.

Je vous conseille néanmoins de laisser les tiges à l'état naturel sauf si le végétal est très lourd ou difficile à manipuler (comme dans le cas des coloquintes) ou quand un bouton de fleur est particulièrement fragile.

Vous trouverez le fil de fer plus utile lorsque vous voudrez réaliser guirlandes et girandoles : c'est un procédé rapide et facile pour s'assurer que rien ne tombe.

J'utilise du **fil de fer de grosseur moyenne** pour presque tout en le doublant parfois pour les articles particulièrement lourds.

Les coquilles d'œufs sont l'exception qui confirme la règle : comme elles sont fragiles on utilise un fil de fer plus fin.

Vous pouvez acheter du ruban adhésif de jardinier appelé **gutta percha** pour cacher le fil de fer qui renforce une tige. Cependant, sauf pour les bouquets classiques, cela n'est pas vraiment nécessaire puisque le fil de fer disparaît dans la composition. D'autre part, s'il devait être visible, on peut utiliser du fil de fer vert, disponible chez les fleuristes.

Les instructions pour le vidage des œufs se trouvent en page 114. Pour attacher les ingrédients tels que des pommes de pin ou des fleurs fragiles, voyez les instructions page 115. Vous aurez encore d'autres détails pour des éléments comme les bouquets de noisettes en page 40.

LES COLLES

Les colles fortes pour tous travaux conviennent à un certain nombre de compositions. Cependant, le **pistolet à colle** est un merveilleux outil, il est aussi absolument indispensable. Pratique d'utilisation, il ne dégage pas d'odeur et la colle sèche instantanément.

Un pistolet à colle est relativement peu coûteux et se trouve facilement dans une quincaillerie ou un magasin de bricolage.

Je ne peux rien vous dire de plus sinon qu'il est absolument nécessaire d'en acheter un !

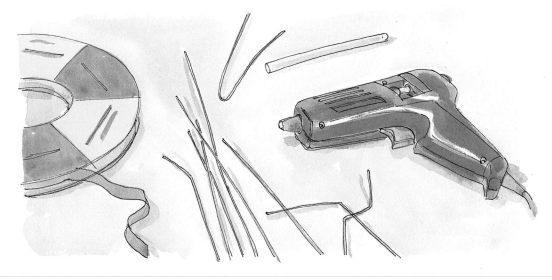

LES BANDES ADHÉSIVES

Le **chatterton** se trouve aussi bien dans les magasins spécialisés pour artistes que dans les boutiques de bricolage. Il est parfait pour maintenir la mousse d'oasis sur une base peu pratique comme un bougeoir. N'éprouvez pas de honte à utiliser du **scotch** ordinaire pour assembler les petits bouquets qui seront répartis dans une composition. Les fleurs fragiles comme la lavande se disposent ainsi beaucoup plus facilement.

Le scotch de jardinier (gutta percha) ne s'avère nécessaire que lorsque vous souhaitez cacher le fil de fer qui lie les tiges.

LA MOUSSE D'OASIS

Elle est vendue sous forme de cubes, de briques, de cylindres ou de sphères. Quand vous en achetez, assurez-vous qu'elle est sèche et spécialement destinée aux compositions de fleurs séchées. La mousse d'oasis sèche est souvent grise ou beige et paraît plus poussiéreuse que la mousse humide. Cette dernière, de consistance spongieuse, est généralement verte.

Elle peut être découpée à la taille voulue à l'aide d'un couteau tranchant. On peut la réutiliser si elle n'a pas trop été abîmée par les tiges des fleurs.

LE GRILLAGE

Vous en aurez besoin pour les compositions comprenant plusieurs morceaux de mousse d'oasis regroupés. Il est communément utilisé dans les compositions de fleurs séchées suspendues qui peuvent aussi être retenues par des cordes de raphia tressé.

Le grillage de jardin est généralement vendu en rouleaux de 30 cm de largeur dans les magasins de jardinage ou les quincailleries.

Il existe une qualité de grillage, gainée de plastique, légèrement plus chère, mais plus douce pour les mains et pour les meubles contre lesquels elle peut frotter.

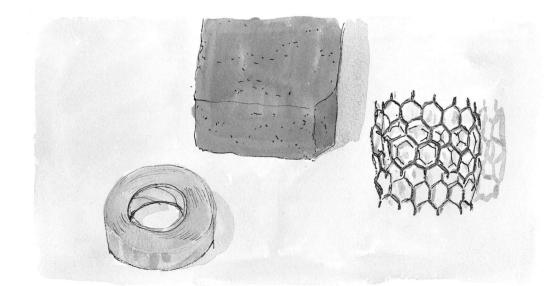

Le **vernis de polyuréthane** met en valeur l'éclat naturel des feuilles ou d'autres ingrédients comme les noix. Il devient indispensable si vous réalisez une composition comportant du pain séché.

Il est disponible en bombe ou en flacon. La bombe convient bien aux compositions de fleurs séchées.

L'utilisation des **peintures en bombe** pour **voitures** ou pour **meubles** peut donner des résultats intéressants. Des épis de blé peuvent être peints de cette manière pour assortir la composition aux couleurs de la pièce ou à d'autres motifs décoratifs. Vous pouvez également peindre vos supports (des pots en plastique bon marché seront ainsi joliment transformés).

Reportez-vous aux explications de la page 114 pour la technique de la peinture en bombe.

Des fleuristes spécialisés vendent aussi des bombes de peinture pour teinter la mousse d'oasis, mais généralement ce sont des peintures aux tons pastels.

Les **bombes de peinture métallisée,** dorée, argentée, bronze ou cuivrée sont idéales pour réaliser les décorations de fêtes. Dans une composition, vous pouvez en vaporiser sur quelques éléments seulement, comme les capsules de pavots, les cheveux d'ange, les noix et les pommes de pins, mais vous pouvez aussi colorer tout l'ensemble, y compris le support. Des paillettes peuvent être ajoutées avant que la peinture ne sèche.

En dehors des peintures en bombe, on peut utiliser des peintures plus ordinaires. Les émulsions à base d'eau couvriront très bien la mousse d'oasis ou bien donneront une note piquante à un pot en terre. Les peintures acryliques sèchent vite mais ne sont pas adaptées à la décoration florale.

Pour éviter que certaines fleurs ne se désagrègent trop vite, utilisez de la **laque très forte pour cheveux.** Elle sera parfaite pour la lavande ou les épices fragiles très enclines à la désintégration. Du vernis pour artistes peut être employé de la même manière.

LES VERNIS, PEINTURES ET FIXATIFS

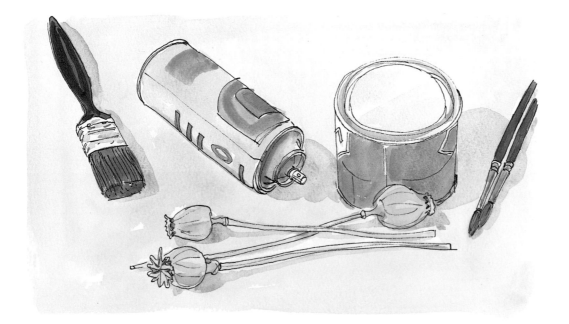

Techniques de séchage

**COMMENT
FAIRE SÉCHER
LES FLEURS
NATURELLEMENT**

Ne croyez pas qu'il soit nécessaire de posséder un grenier ou une grange, dans lesquels vous devriez régler la ventilation, l'humidité et la température. Je vis à Londres, dans un petit appartement, et je ne dispose d'aucune de ces commodités. Pourtant je fais sécher régulièrement avec succès une très grande variété de fleurs.

Si vous avez la possibilité de cueillir vous-même vos fleurs, attendez que la rosée soit évaporée, car elle pourrait faire apparaître de petites taches noires lors du séchage. Le moment le plus favorable est à midi, quand les fleurs ont déjà absorbé une certaine dose d'humidité.

Ôtez la plupart des feuilles du bas de la tige, souvent endommagées. Rassemblez vos fleurs en un bouquet, en utilisant un élastique de caoutchouc, car les tiges rétrécissent au séchage.

Je suspends une rangée de fleurs à sécher à des clous plantés dans les étagères de ma bibliothèque. Vous pouvez également utiliser tout autre endroit sec.

La durée du séchage dépendra de beaucoup de facteurs : le degré de floraison de la plante, sa taille, le climat, la présence ou non d'un chauffage central.

Pour savoir si vos végétaux sont prêts à l'emploi, vérifiez que les tiges sont vraiment sèches : si vous les utilisez trop tôt, les têtes de fleurs risquent de tomber.

La plupart des variétés demandent entre une et quatre semaines pour sécher, sauf les coloquintes pour lesquelles trois mois sont nécessaires. Ces dernières sont réellement sèches lorsqu'elles sonnent creux quand on les tapote doucement.

Les herbes et les roseaux sèchent, simplement posés à plat sur du papier. Vaporisez de la laque extra forte pour cheveux sur les herbes portant de nombreuses graines avant d'essayer de les manipuler. Cette opération est également conseillée pour les roseaux qui ont une fâcheuse tendance à se désagréger. Cela m'est arrivé parce que j'en avais laissé dans ma voiture, pendant plusieurs jours : pendant des semaines j'ai ramassé de la peluche de roseaux sur le tapis de ma voiture !

Les hortensias sèchent mieux debout dans un vase d'eau peu rempli. Les artichauts et le maïs sèchent également debout, mais plantés dans de la mousse d'oasis ou dans un pot à confiture.

Les champignons sèchent à la chaleur d'un four à basse température jusqu'à ce qu'ils deviennent durs.

Quand on m'offre des fleurs, je les dispose en bouquet et, juste avant qu'elles ne se fanent, je les suspends la tête en bas. Beaucoup d'entre elles se conservent bien. Il est toujours intéressant d'essayer de faire sécher n'importe quelle variété de fleurs, quelle qu'elle soit : on ne prend aucun risque, et le résultat surprend souvent très agréablement.

SÉCHAGE
AU GEL DE SILICE

Le gel de silice est un agent séchant qui absorbe l'humidité des plantes. Même si cette technique prend du temps, l'effort qu'elle demande est récompensé par le résultat : les couleurs des végétaux restent éclatantes et leurs formes ne se modifient pas.

Le gel de silice est vendu en pharmacie. La variété la plus facile à utiliser est celle à cristaux bleus qui virent au rose quand ils commencent à absorber l'humidité. On peut les réutiliser, après les avoir mis à sécher dans un four, jusqu'à ce qu'ils reprennent leur couleur initiale.

Les fleurs séchées selon ce procédé paraissent vierges. L'idéal est de les cueillir quasiment sèches, après plusieurs heures d'ensoleillement par exemple. Les fleurs sont tout juste entrouvertes, sur le point de s'épanouir.

Une fois cueillies, il faut les faire sécher immédiatement, et si c'est impossible, plonger leurs tiges dans l'eau chaude ou dans de la mousse d'oasis mouillée (de la variété qui s'humidifie et non de celle que l'on emploie pour les compositions).

Une fois que vous êtes prêt à mettre les fleurs dans les cristaux de silice, coupez les extrémités humides des tiges.

Attendez alors que les cristaux aient viré au rose foncé. Il faut compter environ 24 heures pour des fleurs fragiles et légères, au moins trois jours pour des végétaux plus denses. Surveillez le déroulement de l'opération en remuant très doucement les cristaux : les pétales devront avoir l'aspect d'un tissu moelleux.

Les fleurs à cœur composé et les roses présentant beaucoup de pétales sortent embellies car elles paraissent avoir un port plus naturel.

S'il n'est pas le plus rapide, ce procédé de conservation est le plus simple. Il convient très bien aux fleurs fragiles étant donné que le gel ne pèse à aucun moment sur les pétales. Si vous ne pouvez acheter que du gel en granules et si vous voulez faire sécher des fleurs très fragiles ou très allongées comme des freesias qui risqueraient alors d'être endommagées, réduisez le gel en poudre à l'aide d'un moulin à café ou d'un mortier.

Choisissez les fleurs et un récipient non métallique adapté à un four à micro-ondes. J'utilise de longues boîtes en carton qui rentrent parfaitement dans mon micro-ondes et dont les tailles correspondent aux formes de mes fleurs. Comme avec le gel de silice, la façon de disposer est le point le plus important : il faut y faire très attention. N'entassez pas le gel sur le dessus des fleurs car les pétales risqueraient de se casser.

Couvrez le fond du récipient de gel en granules ou en poudre. Disposez doucement les fleurs dessus. Recouvrez-les délicatement de gel. Mettez le récipient sans couvercle dans le four et placez un demi-verre d'eau à côté.

Programmez le four à sa puissance maximum durant 1 à 4 minutes selon le type de fleurs. Il ne faut que 2 minutes pour les fleurs fragiles ; pour certaines même un peu moins de temps. Les plantes les plus touffues demandent 4 minutes.

Quand elles sont « cuites », laissez-les refroidir jusqu'à ce qu'il soit possible de les manipuler. Puis comme auparavant, enlevez doucement le gel de silice pour le faire tomber et laisser les fleurs réapparaître.

Ce procédé est l'un des plus efficaces et je le recommande vivement car les résultats en sont immédiats et assez surprenants.

SÉCHAGE AU FOUR À MICRO-ONDES

CONSERVATION DES FEUILLES AVEC DE LA GLYCÉRINE

Cette technique est idéale pour les feuilles qui ont tendance à se chiffonner et à s'effriter. La glycérine remplace l'eau contenue dans la feuille qu'elle rend souple, brillante et solide. Elle change cependant la couleur du feuillage, qu'elle assombrit.

Rassemblez les feuilles à conserver bien avant l'automne car à cette époque, l'eau cesse de remonter dans les tiges.

Mélangez un tiers de glycérine à deux tiers d'eau très chaude.

Ôtez toutes les feuilles abîmées et coupez les tiges en biseau pour qu'elles puissent absorber la solution de glycérine plus facilement. Les grosses tiges auront même besoin d'être écrasées pour faciliter la pénétration de la solution.

Puis faites tenir les feuilles dans environ 7,5 cm de solution à la glycérine. Utilisez un récipient suffisamment grand pour qu'elles tiennent bien droites. La durée du trempage dépendra de la densité de la solution.

L'eau de la plante est progressivement remplacée par la glycérine et cette opération peut prendre jusqu'à 4 semaines. Regardez ce qu'il en est au bout d'une semaine.

Essuyez doucement les goutelettes de glycérine avec un chiffon humide. Si certaines feuilles tombent c'est que les branches n'ont pas absorbé la glycérine. Dans ce cas, coupez 5 cm à leur base, écrasez légèrement les fibres au marteau et remettez-les dans la solution. L'opération prend fin lorsque les feuilles changent de couleur, et que leur toucher devient soyeux.

Les feuilles uniques aussi bien que les bouquets peuvent être entièrement immergés dans de la glycérine. C'est un procédé très rapide puisque deux jours suffisent pour que la conservation ait lieu.

À la place de la glycérine, vous pouvez utiliser de l'antigel (pour voiture) contenant du glycol éthylène. C'est moins coûteux lorsque vous voulez faire sécher de grandes quantités de feuilles. On en trouve dans des tons de bleu, de rose et de vert, lesquels teintent les feuilles en leur donnant des tonalités intéressantes. Mais ce mélange est nocif et corrosif. Il faut prendre des récipients plastiques et porter des gants de caoutchouc. Ne laissez pas la solution entrer en contact avec du métal et utilisez la même proportion d'antigel et d'eau que pour la glycérine.

Comment conserver les plantes

Le paragraphe qui suit concerne les fleurs et les feuilles les plus couramment utilisées.

Il décrit les techniques de conservation qui leur conviennent.

Bien sûr, certaines plantes peuvent être conservées selon plusieurs procédés : à vous de choisir celui que vous préférez.

SÉCHAGE NATUREL À L'AIR

De nombreuses variétés de fleurs peuvent être séchées de cette manière.

Au pire, les plantes brunissent ou les pétales tombent.

Les fleurs à pétales très charnus comme les freesias ou les narcisses ne sont pas toujours très faciles à sécher. Les éléments assez lourds tels que les artichauts et le blé doivent être soutenus par du fil de fer.

Les plantes qui ne sont pas suivies d'un astérisque peuvent être suspendues.

*   faire sécher à la verticale
      dans un peu d'eau
**   faire sécher à la verticale sans eau
*** faire sécher à plat

Acanthe	Jonc
Artichaut	Lanterne chinoise
Avoine**	Lavande***
Blé	Lavande de mer
Bleuet	Maïs
Bulbes	Mille-feuille
d'oignons**	Mimosa*
Callistémon	Montbrétia
Chardon*	Mousse***
Cheveux de Vénus	Orge
Chrysanthème**	Pavot
Coloquinte***	Pied d'alouette*
Étoile jaune**	Pivoine de Chine
Eucalyptus	Romarin
Genêt	Rose
Gerbe d'or	Sauge
Gypsophile*	Statice
Hortensia*	Toutes les herbes
Immortelle	ou épices***
Immortelle rose	Zinnia*

SÉCHAGE AU GEL DE SILICE

Cette technique préserve la couleur et la forme de la fleur fraîchement cueillie ; elle demande plus de temps, mais le résultat est étonnant. Vous pouvez accélérer le processus en vous servant d'un four à micro-ondes. (Pour plus de détails, voir page 109.)

Voici les plantes concernées :

Bleuet	Marguerite
Bruyère	Maroube noir
Camélia	Mimosa
Cheveux de Vénus	Œillet
Crocus	Pied-d'alouette
Ellébore	Pivoine
Freesia	Rose
Fuchsia	Renoncule
Geranium	Souci
Giroflée	Tournesol
Jonquille	Violette
Lys	Zinnia

CONSERVATION DANS LA GLYCÉRINE

C'est une technique efficace pour presque tous les feuillages. Bien que la glycérine change la couleur des feuilles, elle leur donne un aspect brillant et soyeux. Après le traitement, celles-ci supportent également d'être frottées à l'aide d'un chiffon humide, contrairement aux autres végétaux séchés. Les lanternes chinoises et le gypsophile évitent ainsi de devenir cassants.

D'une manière générale, ce traitement convient à la plupart des fleurs. Voici les plantes concernées :

Aubépine	Houblon
Blé	Houx
Boules de neige	Laurier
Buis	Lierre
Chêne	Magnolia
Eucalyptus	Orge
Faînes	Rhododendron
Fougère	Saule
Hortensia	Sorbier

Conseils techniques

Il existe des ouvrages entiers consacrés à certaines techniques complexes, comme le tuteurage et l'attache des fleurs séchées. Cependant, dans la plupart des cas, mieux vaut simplifier la tâche et se fier à son simple bon sens. J'ai détaillé ici quelques techniques élémentaires et néanmoins indispensables.

Les illustrations donnent de précieuses indications qui vous aideront à réaliser certaines compositions présentées dans cet ouvrage.

Peinture en bombe
Installez-vous en extérieur ou dans une pièce bien aérée. Posez les éléments à peindre sur un papier journal. Agitez bien la bombe et vaporisez. Lorsque la plante est sèche, retournez-la et vaporisez l'autre face.

ŒUFS

Vidage des œufs
Transpercez l'œuf avec une épingle à chapeau ou une grosse aiguille. Puis, brisez délicatement un peu de coquille à la base en remuant le bout de l'aiguille. Soufflez dans l'œuf qui se videra par la base.

Attache d'œuf
Enfilez une perle sur un fil de fer de 20 cm. Repliez le fil de fer et tortillez les deux extrémités jusqu'à la perle. Puis, faites-le passer dans l'œuf, tirez-le pour que la perle soit bien fixée au sommet de l'œuf.

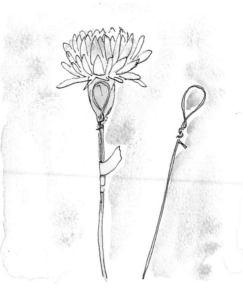

Attache des pommes de pin et cônes

Faites passer une extrémité du fil de fer dans la rangée inférieure d'écailles en laissant dépasser légèrement l'autre bout. Ramenez le fil de fer autour de la pomme de pin et tortillez les deux extrémités pour en faire une tige.

Tuteur pour fleurs fragiles

Il est parfois impossible de coller la tête ou la tige de certaines fleurs friables. Il vous faudra alors les tuteurer. Faites une petite boucle au sommet du fil de fer et collez ce tuteur à la tige à l'aide de ruban adhésif.

ATTACHES ET TUTEURS

Attache de coloquinte

Ces plantes très lourdes doivent être solidement fixées. Percez deux trous à la base du fruit avec une petite vrille, enfilez un gros fil de fer dont vous tresserez les extrémités.

Attache de petits bouquets

C'est tout simple ! Rassemblez quelques fleurs ou feuilles et liez les tiges avec du ruban adhésif. Votre petit bouquet est maintenant prêt à piquer dans la mousse pour n'importe quelle composition.

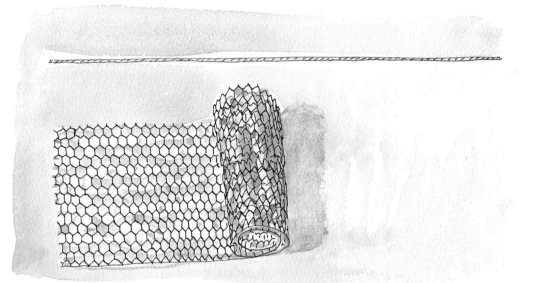

GUIRLANDE DE TABLE

Déterminez la longueur et la courbure de votre guirlande à l'aide d'une corde. Accrochez la corde au meuble que vous voulez décorer. Ne soyez pas trop ambitieux, car une fois terminée, la guirlande sera très volumineuse.

Lorsque vous avez choisi la position de la guirlande, coupez la corde aux dimensions adéquates, étendez-la sur une surface de travail plane et découpez la longueur de grillage correspondant à la corde.

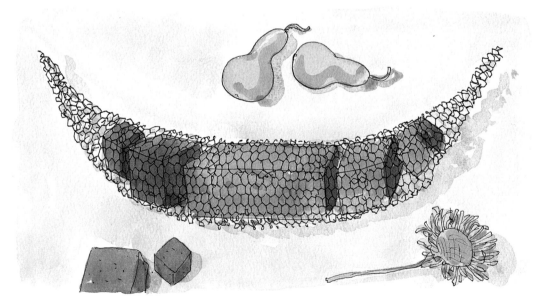

Étalez le grillage et installez une brique de mousse d'oasis au centre. Coupez en deux une autre brique et placez chaque moitié de part et d'autre de la première brique. Repliez le grillage autour de la

mousse pour former un croissant qui constituera le squelette de votre guirlande. Ébarbez les petits bouts de métal qui risquent de vous égratigner ou de rayer le meuble.

Recouvrez les parois intérieures du pot de papier journal et d'un sac plastique. Remplissez-le à moitié de plâtre de moulage puis plongez-y le tronc. Rajoutez du plâtre jusqu'à ras-bord et laissez sécher jusqu'au lendemain.

Pour installer le support de la ramure, enfoncez légèrement le tronc sur la sphère de mousse pour marquer le point d'attache. Ménagez un trou dans la mousse et fixez solidement le tronc pré-collé dans la sphère.

ARBRES DÉCORÉS

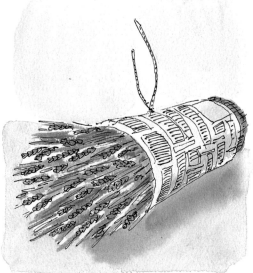

Pour lier une gerbe de blé, étalez une double page de journal entre deux piles de livres, pour former une rigole. Disposez sur la largeur du journal une ficelle sur laquelle vous empilerez le blé.

Repliez le journal sur la gerbe de blé et attachez la ficelle par un nœud simple. Sans déplacer la gerbe, exercez une légère torsion latérale et resserrez le nœud de la ficelle.

GERBES DE BLÉ

TRANSPORTER ET STOCKER LES FLEURS SÉCHÉES

Les fleurs séchées ne supportent pas beaucoup les déplacements, confectionnez donc, si possible, votre composition sur place.

Si vous devez la réaliser avant un transport, vérifiez que tous les éléments sont bien attachés. Entourez-la d'un tissu sombre avant de l'emballer dans un grand carton.

Emportez votre pistolet à colle, du fil de fer et de la laque pour les réparations de dernière minute.

Dans le cas de stockages de longue durée, emballez les fleurs dans de grandes boîtes en glissant des couches de papier sous les têtes pour les caler. Ajoutez un petit sachet de gel de silice qui absorbera l'humidité.

NETTOYAGE

La poussière, l'humidité et la lumière du soleil sont les pires ennemis des fleurs séchées. Le climat normal d'une maison est idéal : cependant évitez de placer votre composition dans la salle de bain ou la cuisine si vous voulez la garder longtemps.

Le doux passage d'un plumeau peut ôter la poussière, mais les végétaux à pétales « pointus » comme le statice ou les immortelles ne supportent pas très bien ce traitement : même en prenant beaucoup de précautions, les pétales peuvent s'accrocher à l'instrument. Il est préférable d'utiliser un sèche-cheveux réglé sur la position minimum, à chaleur moyenne, pour souffler la poussière.

L'espérance de vie d'une composition est de 12 à 18 mois, selon les fleurs utilisées.

Plantes saisonnières

Tout au long de l'année, la nature réserve aux amateurs une profusion de fleurs, fruits, bourgeons, herbes et branchages. Ainsi, de saison en saison, la cueillette et la préparation des fleurs séchées sauront occuper vos loisirs.

Que vous viviez en ville ou à la campagne, vous trouverez toujours les matériaux les plus divers. Ainsi, dans mon appartement londonien, je dispose pour tout jardin de quelques bacs à fleurs, mais je suis toujours fascinée par l'incroyable diversité d'ingrédients que l'on peut dénicher.

Il faut cependant savoir que certaines espèces sont aujourd'hui gravement menacées. La nature, certes, est généreuse, mais lorsque vous ramassez des plantes, respectez-les et ne cueillez pas n'importe quoi n'importe où. Ne vous servez pas dans les jardins, plates-bandes et parterres municipaux, consciencieusement entretenus. Faites attention à ne pas piétiner une espèce en allant en couper une autre. N'arrachez pas les racines de touffes d'herbe, mais munissez-vous toujours d'un petit couteau bien aiguisé ou d'un sécateur pour couper ce dont vous avez besoin.

PRINTEMPS
Au printemps, époque de la frondaison, les toutes premières fleurs et les bourgeons apparaissent. Allez marcher dans les chemins creux et, au détour d'une ornière, vous découvrirez des branches mortes recouvertes de lichens, des ronces tordues nichées contre les troncs d'arbre et parfois, sous un magnolia ou un buisson de houx, des frondes graciles.

Dans mes jardinières, je fais pousser des azalées, des rhododendrons et des camélias, fleurs qui se prêtent très bien au séchage au four à micro-ondes ou au gel de silice.

C'est également l'époque où les bulbes commencent à sortir de terre. Les jonquilles et les narcisses peuvent tout à fait, malgré leur fragilité, être séchées, de préférence au four à micro-ondes.

ÉTÉ
C'est la saison idéale pour ramasser les herbes aromatiques. Dans les jardins fleuris, profitez des magnifiques couleurs et textures des pivoines et des pieds d'alouette, des parfums subtils de la lavande et des roses.

La grande famille des herbes compte plus d'une centaine d'espèces, dont beaucoup sèchent parfaitement. Laissez-vous tenter par la rusticité de la fleur d'artichaut et l'élégance du gypsophile qui, séchés, gardent tout leur charme.

Explorez aussi les bords de routes, qui échappent aux traitements herbicides. Vous y découvrirez toutes sortes d'herbes sauvages aux formes originales. C'est en été que l'on ramasse le panais monté en graine, la bardane et la grageline. Profitez-en également pour vous constituer une réserve de feuilles et de rameaux d'été, car c'est la meilleure époque pour les faire sécher.

AUTOMNE
À la saison des moissons, les bois et les taillis offrent une profusion de fruits, de baies, de champignons ! Beaucoup de plantes d'automne, comme l'hortensia et les pois, peuvent sécher naturellement.

Remplissez également votre panier de chardons, de bruyère, de blé, d'orge, de grosses coloquintes et d'épis de maïs gorgés de soleil. Essayez encore de repérer les monnaies-du-papes et les lanternes chinoises et fouillez sous les feuilles pour débusquer les glands et les faînes.

HIVER
Si la nature semble hiberner pendant ces quelques mois, l'hiver n'est pas pour autant la saison morte : les forêts sont jonchées d'une grande variété de pommes de pin et de cônes et les pois les plus divers ondulent sous le vent. À l'approche des fêtes de fin d'année, le houx, le buis et le lierre sont à l'honneur.

Sortez de leurs placards les bâtons de cannelle, les noix de muscade et la badiane, dont les parfums chaleureux empliront votre intérieur. Pour vos pots-pourris, pensez aux écorces d'oranges, de citrons et citrons verts.

Répertoire des plantes

Au fil de mon travail, j'ai dressé ce répertoire qui vous aidera à identifier les espèces citées dans cet ouvrage. En effet, certaines plantes ont en français plusieurs noms, plus ou moins usités, alors que d'autres sont pratiquement inconnues du grand public. Ainsi, retrouver une fleur dans la jungle de la nomenclature botanique n'est pas toujours facile. Fort heureusement, à partir des noms latins, plus aucune confusion n'est possible. Ce petit glossaire vous servira donc de référence où vous trouverez sans mal toutes les fleurs dont vous pourriez avoir besoin pour vos compositions.

Noms français	Nom latin
Agérate	*Lonas*
Artichaut	*Cynara scolymus*
Blé ou blé-froment	*Triticum aestivum*
Boule de neige ou rose Guelder	*Viburnum opulus*
Bouton d'argent ou achillée sternutative ou herbe au charpentier ou saigne-nez	*Achillea ptarmica*
Carthame	*Carthamus tinctorius*
Chardon carline ou carline acaule ou carlina ou baromètre	*Carlina acaulis*
Chardon ou chardon à foulon ou cardère cultivée	*Dipsacus sativus*
Chêne rouge	*Quercus robur*
Cheveux de Vénus ou nigelle de Damas	*Nigella damascena*
Eucalyptus (à feuilles allongées)	*Eucalyptus kruseana*
Eucalyptus (à feuilles arrondies)	*Eucalyptus pulverulenta*
Fleur de protéacée	*Protea compacta*
Gros minet ou lagure ovale	*Lagurus ovatus*
Grageline ou herbe	
aux mamelles ou poule grasse ou lapsana ou lapsane ou lapsane commune	*Lapsana communis*
Grande amourette ou briza ou brize ou tremblotte ou langue de femme ou grande brize	*Briza maxima*
Gypsophile	*Gypsophilia*
Hêtre fayard ou hêtre foyard	*Fagus sylvatica*
Hortensia ou hortensia Meyer	*Hydrangea*
Immortelle ou immortelle véritable ou fleur de paille	*Helichrysum*
Immortelle rose ou rhodante ou acroclynie	*Helipterum roseum*
Jonc épars	*Juncus effusus*
Lanterne chinoise ou coquelet ou coquerelle ou amour-en-cage ou physalis alkékenge	*Physalis alkekengi*
Lavande	*Lavandula*
Lavande de mer ou immortelle bleue	*Limonium tataricum*
Leucodendron	*Leucodendron plumosum*
Mousse des bois ou grimmia	*Grimmia pulvinata*
Nigelle d'Espagne	*Nigella orientalis*
Orge	*Hordeum*
Palmier ou rotin	*Calamus*
Pavot ou coquelicot cultivé	*Papaver*
Pied-d'alouette ou delphinium ou dauphinelle	*Deplhinium*
Pivoine ou pivoine de Chine	*Paeonia lactiflora*
Rose	*Rosa*
Roseaux	*Phragmites*
Scabieuse étoilée ou orobanche	*Scabiosa stellata*
Scirpe ou héléocharis	*Scirpus*

Sélaginelle ou pieds-de-loup	*Selaginella*
Statice ou saladelle ou armeria ou	

gazon d'Olympe ou gazon d'Espagne	*Limonium sinuatum*
Tournesol ou soleil	*Helianthus annuus*

Nom latin	**Noms français**
Achillea ptarmica	Bouton d'argent ou achillée sternutative ou herbe au charpentier ou saigne-nez
Briza maxima	Grande amourette ou briza ou brize ou grande brize ou langue de femme ou tremblotte
Calamus	Palmier ou rotin
Carlina acaulis	Chardon carline ou carline acole ou carlina ou baromètre
Carthamus tinctorius	Carthame
Cynara scolymus	Artichaut
Delplhinium	Pied-d'alouette ou delphinium
Dipsacus sativus	Chardon ou cardère cultivée ou chardon à foulon
Eucalyptus kruseana	Eucalyptus (à feuilles allongées)
Eucalyptus pulverulenta	Eucalyptus (à feuilles arrondies)
Fagus sylvatica	Hêtre fayard ou hêtre foyard
Grimmia pulvinata	Mousse des bois ou grimmia
Gypsophilia	Gypsophile
Helianthus annuus	Tournesol ou soleil
Helichrysum	Immortelle ou immortelle véritable ou fleur de paille
Helipterum roseum	Immortelle rose ou rhodante ou acroclynie
Hordeum	Orge
Hydrangea	Hortensia ou hortensia Meyer ou hydrangéa
Juncus effusus	Jonc épars
Lagurus ovatus	Gros minet ou lagure ovale
Lapsana communis	Grageline ou herbe aux mamelles ou poule grasse ou lapsana ou lapsane commune
Lavandula	Lavande
Leucodendron plumosum	Leucondendron
Limonium sinuatum	Statice ou saladelle ou armeria ou gazon d'Olympe ou gazon d'Espagne
Limonium tataricum	Lavande de mer ou immortelle bleue
Lonas	Agérate
Nigella damascena	Cheveux de Vénus ou nigelle de Damas
Nigella orientalis	Nigelle d'Espagne
Paeonia lactiflora	Pivoine de Chine
Papaver	Pavot
Phragmites	Roseaux
Physalis alkekengi	Lanterne chinoise ou coquelet ou amour-en-cage ou physalis alkékenge
Protea compacta	Fleur de protéacée
Quercus robur	Chêne rouge
Rosa	Rose
Scabiosa stelatta	Scabieuse étoilée ou orobanche
Scirpus	Scirpe ou héléocharis
Selaginella	Sélaginelle ou pieds-de-loup
Triticum aestivum	Blé ou blé-froment
Viburnum opulus	Boule de neige ou rose Guelder
Zea mays	Maïs

Index